日本の居酒屋文化

赤提灯の魅力を探る

マイク・モラスキー

光文社新書

目　次

「お通し」——はじめに

あまり自慢できることではないが、私が日本の居酒屋で過ごしてきた時間は半端ではない。夕暮れ、街を歩いていると、ほのぼのと灯っている赤提灯《あかちょうちん》が目に入るだけで、まるで「パヴロフの犬」のごとく、わが身が勝手に反応しはじめる——目じりが下がり、心臓がドキドキし、喉がごくんと動き、足が速まる。要するに、重度の居酒屋愛好家である。あるいは「赤提灯依存症」と言うべきかもしれない。

その反面、来客でもない限り、自宅では一滴も酒を呑まない。そう書くと、ずいぶんバランスの取れた健康的な生活を送っているように思われるかもしれないが、週に一回、せいぜい二回の休肝日を除けば、必ずやどこかの居酒屋のカウンターで、鯵のさしみや〆鯖などを箸でつつきながら日本酒をちびちび（またはガブガブ）呑んでいるわけだから、やはり威張れたものではない。

また、あまり想像したくない事態だが、もしドクターストップがかかり、酒が呑めなくなったとしても、私は相変わらず居酒屋に足を運び続けると思う。酒の代わりに烏龍茶で我慢しなければならないのが悔しいが、いつもどおりのつまみが味わえるし、そして何よりも、居酒屋という〈場〉そのものが楽しめるからありがたい。

＊

居酒屋の楽しみ方はいろいろある。各自の趣向もあり、そのときの気分や体調、それに人数や懐《ふところ》の膨らみ具合などによって選ぶ店は異なるだろう。私自身はカウンターで呑むのが好きなので、だいたいひとりか友だちとふたりで、小ぢんまりした赤提灯に入ることが多い。また、地元に根付いた個人経営の赤提灯こそ日本の呑み屋文化の核心だと思っているから、極力チェーン店を避け、小さな店、または活気溢れる大衆酒場など、なるべくローカルな呑み屋を贔屓《ひいき》するように心掛けている。もちろん、酒肴《しゅこう》が安くて旨いに越したことはないが、いくら地酒にこだわる食いしん坊であろうと、本当の居酒屋好きは味と価格だけでは店を選ばないと思う。

言い換えれば、通常の居酒屋ガイドは、つまみの種類と品質、飲物のメニュー、そして価格に焦点を絞っているため、私にはどうしても物足りなく感じられる。もちろん、ありがたい情報も提供してくれるのだが、居酒屋という多面的な場の、いわば〈消費〉に付随する側面しか重視されていないと、不満に思うわけである。

「居酒屋は味と価格だけではない、五感をもって満喫する場所である」というのが私の持論である。さらに、「居酒屋は〈味〉よりも〈人〉である」と確信している。わざわざ不味《まず》い店に入ろうとは思わないが、いくら美味なものを出してくれても、カウンターの内側に立っている店主や、周囲の客のために不快な思いをさせられるような店は後味が悪く、二度と行く気が起きないだろう。

では、居酒屋は酒とつまみ以外に、何を提供しているのだろうか。この問いを発しないと、私は日本の居酒屋の真の魅力を突き止めることができないと考える。また、小ぢんまりしたローカルな居酒屋であればあるほど、多面的な機能を秘めているように思う。だからこそ常連客にとって、行きつけの居酒屋はまるで「聖地」のように感じられ、それゆえに、彼らはその店独自の雰囲気が壊されないように、侵入してくる一見客をしばらくは番犬のごとき注意深さで「見張っている」わけだ。

さらに、居酒屋は単に酒を食らって一日のストレスを洗い流す場ではない（その側面も否めないが）。職場や家庭とは違う、遊戯心溢れる特別な空間である。とりわけ、現在の都会生活では、〈日常〉と〈非日常〉との間を占める、独特な時空間を成している。後述するように都市社会学では、このような空間を〈第三空間〉や〈第三の場〉と呼ぶ。その意味では、居酒屋はロンドンのパブ、パリのカフェ、マドリッドのバル、ミュンヘンのビヤガーデンなどの飲食文化空間との類似点が見受けられる。だが、日本の赤提灯には、さらに独自の醍醐《だいご》味《み》があると思う。

＊

「居酒屋は酒とつまみ以外に、何を提供しているのだろうか」という前述の問いを裏返せば、「客たちは居酒屋に入るとき、いったい何を求めているのか」と言うことができよう。さほど複雑な問いではなさそうだが、いざ蓋《ふた》を開けてみると意外に難しい。

私は以前、この問いに答えを出そうとして、東京の居酒屋文化を対象にした本を書いた。最終的に三百五十ページにまで膨張してしまい、ずいぶん複雑な問題と取り組んできたものだ、と痛感させられた。同書『呑めば、都――居酒屋の東京』は、基本的に自分自身の呑み歩き体験を元にしたエッセイである。しかし、同時に、都内のやや外れに点在する、数々の「ディープな」街の歴史も詳述しており、地元の居酒屋文化をその歴史の流れのなかで捉えなおそうとした試みでもある。つまり、一方では「東京から見た居酒屋論」であり、他方では「居酒屋から見た東京論」にもなっている、と。

本書では、『呑めば、都』に散在していた雑考をさらに掘り下げながら、なるべく簡潔に整理して記すことを目指した。確かに、本書も私自身の居酒屋体験を大いに踏まえており、通常の新書本に比べて、文体や構想などがエッセイ本を思わせるところがあるだろう。しかし、『呑めば、都』とは趣向が異なり、対象となる地域および居酒屋もずいぶん違うので、『呑めば、都』に多少でも刺激を受けた読者には、ぜひ本書も読んでいただきたいし、最初に本書を手に取った読者なら、後で『呑めば、都』にも目を通していただけたら幸甚である。

両書の味わいはかなり違うはずだが、共通点をあえて挙げるなら、居酒屋を〈消費する場〉としてより〈交流する場〉として見据えていることである。つまり、私が居酒屋で注目したいのは、物の流通および消費ではなく、人との出会いおよび交流、さらに〈人〉・〈店〉・〈街〉の重層的な関係である。したがって、『呑めば、都』と同様に本書でも、つまみや飲物の写真、品書きの複写、それに取り上げている店舗の内外の写真すら一切登場しない。もちろん、酒肴の品質と値段も大切な情報だから、まったく触れないわけにはいかないが、私は居酒屋ガイドで軽視されがちな側面に重点をおきながら、文章だけでその多面性を描き出すことを目指した。そもそも、本書に登場する居酒屋の酒肴の価格や、一品一品の写真などは、インターネットで容易に見られるだろう。

通常の居酒屋ガイドとは一線を画しているとは言え、本書（とりわけ第二章および第三章）は、ある程度、全国の居酒屋ガイドとして読めなくもない。ガイドとして使いやすいように、以下、特定の居酒屋が初めて登場する際には太文字にし、別の章で同じ店に言及した場合、初登場の箇所のみやはり太文字にした。

『呑めば、都』との重複をなるべく避けるように、本書では東京以外の店もかなり詳述し、また、都内の居酒屋のうち、前著で触れなかった店も多数取り上げている。なお、『呑めば、都』で触れた店に本書でも言及した際には、店名の前に「＊」を付けた。その店について詳しく知りたい場合は前著を参照していただきたい。

本書『日本の居酒屋文化』は、居酒屋ガイドの側面を備えつつも、主目的はあくまでも居酒屋という〈場〉の社会的な意義や貢献を考えながら、赤提灯や大衆酒場に代表されるローカルで庶民的な呑み屋の魅力をより多面的に考察することにある。このことを再度強調しておきたい。

＊

最後に、たいへん僭越《せんえつ》ながら読者へのお願いがある。

私は確かに見かけではれっきとしたガイジンであり、はるばる海を越えたアメリカの中西部で生まれ育った。だから、どんなに頑張っても日本語を喋るときにはアメリカ訛りが完全に抜けないし、いまでもプロの「ネイティヴ・ライター」に間違えられるような洗練された文章は書けない。また、初めての居酒屋に入ってカウンターに腰をかけた瞬間から、周囲の人の反応が、日本人の一見客に対する反応とは異なっていることも十分に自覚している。いや、自覚せずにいられないほど、常時その違いを痛感させられる。

だが、しかし、だからと言って、本書をいわば「青い目」が書いた居酒屋文化論として、おもしろがって読んでいただくのは、著者の私にはあまりありがたく感じられない。まず、「オレの目は青くないゾ！」と反論したくなる。冗談はさておくにしても、冒頭で述べたとおり、私が日本の居酒屋で過ごした時間は、相当なものにおよぶ。しかも、それは一九七六(昭和五十一)年の東京の葛飾区在住時代に遡り、その後、都内のみならず日本列島を縦断しながらのれんをくぐり続けてきたわけである。だから、現在の私にとって赤提灯というのは、もはやエキゾチックな異文化空間ではなく、すっかり「自文化」に変容してしまったと感じている。

けっきょく、著者の国籍や育ちはどうであれ、有意義な文化論を書こうとする以上、常にその文化の〈内〉と〈外〉を往復しながら、それぞれの視点を融合して論を発展させなければならないと確信している。本書が、その難儀な作業を十分に成し遂げているかどうかは読者の判断に委ねるほかないが、のれんという微妙な境界線の内側と外側の両方の視座から、居酒屋というれっきとした〈文化空間〉を捉えなおし、新鮮な視点を提示することを志したつもりである。

さて、本書の構想はやや特異なので、一言付け加えよう。

前半部分、つまり第一章から第三章までは、居酒屋の定義や細かい分類法など、ちょっと「アカデミックな」話題が続くが、後半に入ると（それこそ、居酒屋でぐびぐび呑んでいるかのごとく）、徐々に肩の力が抜けて文体も和らぎ、筆者自身の本音が色濃く表れ、おまけに得意な毒舌も勝手に登場することが多くなる。要するに、本書の執筆そのものが、酒呑みとして私自身がだいたい辿《たど》るコースを再現している——最初は比較的自制の利いたドライな雰囲気を保っているのに、いつの間にか人間臭いウエットな本心が浮上してしまう、と。読者にとっては、本書を読む感覚が、呑む感覚と重なるかもしれない。とは言え、より具体的な呑み屋話を読みたい方はまず第四章から入ってもかまわない。本書は、居酒屋と同様に、各自が自分のニーズや好みに合わせて、使い方を調整すればよいと思う。

いずれにせよ、せっかくこれから居酒屋の話に身をどっぷり浸すわけなので、好きな酒をちびちびやりながら読むようにお勧めしたい。読者ご自身は「とりあえずビール」派なのか、最初から焼酎や酎ハイ派なのか、それとも私のようにいきなり地酒から暴走する日本酒党なのか分からぬが、一緒に全国をハシゴしながら、居酒屋の奥深さを新たに味わっていこう。

第一章　「居酒屋学」の基礎概念

居酒屋の味わいは酒肴に留《とど》まらない。実に深い、多面的な〈場〉である。本章では、その多面性を捉えるための基礎概念を紹介したい。社会学や人類学などの研究分野から借用した概念もあるが、主に私自身の長年にわたる現場体験と観察に基づく独自の捉え方が中心となる。

とは言え、けっして硬い難解な学術論を押しつけるつもりはない。確かに用語の定義や居酒屋の分類などに関してやや込み入った話はあるが、どうぞ途中でこの本を放り投げて行きつけの赤提灯に逃亡しないようお願いしたい（その気持ちはよく分かるが……）。本書を最後まで読んでいただけたら、きっと居酒屋の魅力を新たに認識でき、あの場をいっそう満喫できるようになると思う。

〈細分化〉――飲食店のカテゴリーと定義

日本ほど多様な呑み屋をもつ文化は世界にないと思う。しかも、居酒屋に限らず、現在の日本の飲食文化全般を見渡せば、ひとつの特徴として多種多様なヴァリエーションがあることが目につく。各国料理のレストランに加え、ラーメン、とんかつ、牛丼、和風カレーやスパゲティなど、すっかり日本食に変容し定着した食べ物の専門店があり、さらに寿司屋、てんぷら屋、そば屋、うどん屋（「さぬきうどん」のように特定の地域のうどんしか出さない店もある）、そしてお好み焼きやもんじゃ焼きなどの専門店がある。

いきなり脱線するが、パリを訪れたとき、日本食のレストランを何軒も見かけたが、看板に「すし・てんぷら・やきとり」と書いてあったので、どうしても違和感を覚えた。日本ではなかなか考えられない組み合わせであり、美食の王国フランスに比べても、日本の食文化はきわめて細分化されていることを意識させられた次第である。

喫茶店文化も同様である。昭和初期から現れはじめた音楽喫茶が普及するにつれ、音楽ジャンルによってかなり細分化されるようになった。ジャズ喫茶、名曲喫茶、歌声喫茶、シャンソン喫茶、タンゴ喫茶、ロック喫茶などがあり、なかでも一九七〇年代半ばにもっとも勢いのあったジャズ喫茶は、根室から石垣島まで列島全体に散在しており、その数は六百軒以上にも及んだ（詳しくは拙著『ジャズ喫茶論』を参照）。その後、ウォークマンやＭＰ３などの携帯型音楽再生機器の普及、そしてインターネットの出現によって音楽喫茶は激減したが、ジャズ喫茶はまだ全国におよそ百軒残っており、いまだに名曲喫茶も見かける。さすがにほかのジャンルの音楽喫茶はほとんどなくなったが、一九五三（昭和二十八）年から東京神保町の路地に潜む「**ミロンガ**」というタンゴ専門の喫茶店は、いまも健在である。年季の入った木とレンガが織り成す空間は渋く、しかも世界各国のビールを三十種類以上おいているので、タンゴのＬＰがかかる落ち着いた呑み屋としても使うことができる。

もちろん、喫茶店の種類は音楽喫茶に留まらない。かつて「喫茶店」を名乗りながら、むしろ風俗店を思わせる「ノーパン喫茶」や、簡易ラブホテルとして使われる「同伴喫茶」があった。現在はマンガ喫茶やネットカフェ（後者は「安宿」として利用される場合が少なくない）、さらに「猫カフェ」や椅子代わりに客がハンモックに横たわる「ハンモックカフェ」もある。そして秋葉原や中野などに「メイド喫茶」が点在していることは周知のとおりである。

逆に、あまり知られていないのが「電話喫茶」だろう。三十数年前、新宿の歌舞伎町や新大久保駅辺りには、この特異な喫茶店が数軒並んでいた。私は好奇心から二度ほど入ってみたが、主な利用者はその地を縄張りにしているチンピラのように思われた――各自の客席に専用の電話番号をもつピンク電話がおかれ、彼らは事務所代わりに長時間くつろぎながら、電話をかけたり受けたりしていた。言うまでもなく携帯電話の普及によって「電話喫茶」はすっかり姿を消してしまったが、こんにちのメイド喫茶に通いつめるおとなしいオタクたちとは対照的に、大声で喋り、横柄な態度を見せるチンピラ連中が人間臭く、いまから思えば可愛らしく感じられる。とにかく喫茶店だけを例に取っても、驚くほどの細分化現象が見られるわけである。

〈和〉／〈洋〉の分類

さて、前置きが長くなったが、酒場の種類について触れよう。

日本は、呑み屋文化においても細分化現象が際立つが、大まかに分類すると〈和〉と〈洋〉に分けられると思う。ドイツ風のビヤガーデン、イギリスやアイルランド風のパブ、フランスやイタリアを意識したワインバーおよび最近お流行《はや》りのスペイン風バル（いずれも立ち呑みを含む）、ウイスキーやジンなど欧米の蒸留酒とカクテールを中心に出す伝統的なバー、そして、女性や若者の間で人気を集めている新型「カフェバー」が、現在の洋風酒場の主流を占めると言えよう。さらに、レコードまたはＣＤが豊富に揃っているジャズ・バーや、ロック・バー、レゲエ・バーなどもある（いずれも音楽喫茶の延長と見なせよう）。

釧路《くしろ》では“ICE HOCKEY BAR”を名乗る店を見かけたことがあり、東京には「卓球酒場」もある。どこか忘れたが、「ゴルフバー」を自称する店も見た覚えがある。大阪の十三《じゅうそう》を歩いていたら「マジックバー」の呼び込みをしていた可愛い女の子に声をかけられたが、いまだにこのような特殊なバーに入ったことはなく、欧米でも見たことがない。だが、バーのなかで一番不思議だったのは札幌で見た店だ。日中、ススキノ周辺を歩いていたら「TACK BAR」という看板が目に留まった。最初は「卓球バー」の変わったローマ字表記かと思ったが、足を止めて看板をよく見たら、シャーロック・ホームズのシルエットの隣に小さな文字で「探偵のいる……」と記されていた。おそらく「探偵バー」ということになろう。そういうところがあるとは想像だにしなかった。

ほかにも〈和〉／〈洋〉のどちらにも当てはまらない酒場がたくさんある。たとえば、同じ札幌の狸小路《たぬきこうじ》にはロシア風居酒屋「**バール・コーシカ**」がある。私が入ったときは、店内の二台のテレビがそれぞれ異なるチャンネルの放送を流しており、落ち着いた雰囲気だったとは言えないが、めずらしい古酒のウオッカも、ロシア風のつまみもおいしかった。店主によると、父親である亡くなった先代店主は戦後、シベリアに数年間抑留され、地元の人に親切にしてもらった縁で、帰国後にこの「ロ日折衷《せっちゅう》」居酒屋を始めたという。

最近、東京ではアジア各国の酒肴を出す呑み屋が人気を集めているようだが、たとえばタイにはたして「タイ風居酒屋」があるだろうか。あったとしても、日本版とはだいぶ違うだろう。また、泡盛専門の沖縄居酒屋は人気がある——店員が全員沖縄の伝統的な衣装を着て、沖縄の音楽が必ず店内に流れている（ここでは、お定まりのジャズのＢＧＭを絶対に流さない）。酒とつまみに留まらず、空間全体が「エスニック！」と、本土から見た沖縄の他者性が強調されている。このような呑み屋は、はたして〈和〉に当たるのか、「アジア風酒場」なのか、それとも「和亜折衷酒場」とでも見なすべきか、迷うところである。

また、店の内装や品書きはアメリカのバーを彷彿《ほうふつ》させるのに、バーテンダーの細やかな接客姿勢や、カクテールを作るときの丁寧な手つきなどは、むしろ日本の伝統的な飲食文化の産物だと感じることがある。たとえば、ちょっと高級なバーに入ると、バーテンダーが包丁で大きな氷の塊を、ウイスキー用のグラスにぴったり収まるように、きれいに丸く削るという特技を披露することがある。こんな技は欧米のバーでは見たことがなく、巧妙な包丁遣《づか》いはむしろ、寿司屋または料亭の板前を連想させる。

何が言いたいのかというと、喫茶店であろうとバーであろうと、外国から入ってきた飲食文化を徐々に変容させて、独自のものに昇華させることは日本の十八番《おはこ》であり、ゆえに〈洋〉と見なされる飲食店でも、ある程度〈和〉に変貌してしまう傾向がある。したがって、〈和〉／〈洋〉の分類自体に限界があることは認めざるを得ないが、それでも日本の飲食文化全体を考える上で有用な指標に思えるので、あえて本書に導入したい。

そして、以下、〈和〉の呑み屋文化に焦点を絞り、とくに「赤提灯」と称される庶民的な酒場に重点をおく。

赤提灯を含む四つのカテゴリー

まず、混乱を招かないよう、本書で用いる四つのカテゴリーを簡単に定義しよう。以下の定義は私が創案したものであり、必ずしも一般的な使い方とは一致しないことをご了解いただきたい。

〈飲食店〉外食するための店、コーヒーやお茶類などを飲むための店、酒を呑むための店、またはそのいずれかの組み合わせができる店を指す。要するに、寿司屋もファミレスもフランス料理屋も、バーも喫茶店も、牛丼屋もケーキ専門店も、すべて〈飲食店〉と見なす。四つのカテゴリーのなかで、もっとも包括的な用語である。

〈酒場〉／〈呑み屋〉 客のほとんどが酒を呑むことを前提とする店。なお、本書では〈酒場〉と〈呑み屋〉は類義語として使われる。また、和風・洋風の両方の店がこの定義に含まれ、つまみを出すか出さないかは問われない。たとえば、ブランド服を身にまとった美人が優雅にカクテールをするような高級ホテルのバーも、中年の夫婦が気分転換に使う近所の赤提灯も、仕事疲れしたサラリーマンが水割りを呑みながらカラオケに酔うスナックも、モツ焼きをかじりながら酎ハイをぐびぐび呑んでいる労働者たちが集《つど》う大衆酒場も、学生たちが時間制呑み放題でワイワイ騒ぐ大型チェーン店居酒屋も、すべてが〈酒場〉／〈呑み屋〉のカテゴリーに含まれるわけである。

〈居酒屋〉 本書では〈居酒屋〉とは、酒もつまみも出す〈和風〉の呑み屋を指す。言い換えれば、「飲食店」の飲も食も、ある程度、セットになっているような呑み屋だが、品書きに

〈洋〉のものが豊富にあっても、〈和〉の酒肴が中心となる店に限る。したがって、スペイン風のバルは「洋風居酒屋」と呼んでも、単に「居酒屋」とは呼ばないことにする。会社の同僚に引っ張られてきた下戸や、親と一緒に来ている子供などの例外を除けば、居酒屋では客が酒とつまみを両方注文することが期待される。ただし、酒とつまみのバランスは、ある程度、客に委ねられる。本書で〈居酒屋〉というとき、店の規模も営業形態も問わないので、以上の基準さえ満たしていれば、小さな個人経営の立ち呑み屋でも、全国に店舗をもつ大型チェーン店でも同じく〈居酒屋〉と見なす。

〈**赤提灯**〉居酒屋の一種。実際に赤提灯をぶら下げているかどうかは関係ないが、主として以下の共通点が見受けられる。

（1）値段も敷居も高くない。

（2）飲み物は（国産の）ビール、日本酒、そして酎ハイやホッピーなどを含む焼酎類が中心だが、ウイスキーをおく店もめずらしくないし、近年はワインがメニューに加わることも増えている。逆に、古典的な酒場では、酒類は瓶ビールと日本酒しかおかない店もあるが、もちろんそのような店も赤提灯に含まれる。

（3）〈和〉のつまみが中心である。

（4）酒・肴の両方が揃っている。主に呑むのか、食べるのか、またはバランスよくつまみながら酒を嗜《たしな》むのかは（ある程度）客の自由だが、酒もつまみも注文することが期待される。

（5）個人経営であり、原則として店主が店にいる。店主・店長の個性および志向によって、店内の雰囲気も品書きも店舗ごとに異なるようなフランチャイズ居酒屋や、小規模の地元チェーン店は赤提灯の一種と認められようが、合理主義を極めた経営方針、そして規範化された接客を重んじる企業形式の大型チェーン店居酒屋は別枠だと考える。言い換えれば、店主が店におらず、従業員がその店のことを語るとき、「うちの店」ではなく「うちの会社」というような表現を使う場合、そこは赤提灯から程遠い居酒屋だと言える。

整理すると、〈和〉の酒肴を中心に出す、小ぢんまりした割烹などは、前記の（1）に当てはまらないため、赤提灯とは区別されることになる。また、（2）‐（4）の点において、赤提灯は居酒屋と変わらないが、通常のバーやパブなどの洋風酒場は赤提灯とも居酒屋とも区別されることになる。そして、ほかの要素をすべて共有していても、（5）によって、大型チェーン店居酒屋は赤提灯と分別されるわけである。

以上のカテゴリーのなかで、やはりもっとも分別しにくいのは〈居酒屋〉と〈赤提灯〉だろう。確かに、はっきり線を引くことは無理だが、本書では〈赤提灯〉とは、いっそう地元に根付いた庶民的な、主として個人経営の小ぢんまりした居酒屋を指す。また〈大衆酒場〉とは、店内が広めかつ値段が安めの赤提灯を指す。

〈第三の場〉と〈所有意識〉

以上、酒場を含めて日本の飲食文化を概観しながら、その特徴のひとつである〈細分化〉という現象に焦点を当ててきた。次に、赤提灯のようなローカルかつ小ぢんまりした呑み屋を捉えるために有用な概念である〈第三の場〉と、それに関連する〈所有意識〉を紹介したい。

都市社会学で英語の“Third Place”という概念は、日本語では〈第三空間〉とよく訳されるが、私は本書ではあえて〈第三の場〉と呼ぶ。その理由は、空間という表現には抽象的なニュアンスがあるのに対し、本書で用いる〈第三の場〉とは、常連客にとって特定の行きつけの場所を指すからである。すなわち家庭でもなく、職場でもない、第三の居場所だが、本書では社会学者レイ・オルデンバーグ（Ray Oldenburg）の *The Great Good Place* という著書に倣い、次の意味合いでこの概念を規定する（同書は、二〇一三年十月にみすず書房より『サードプレイス』として邦訳版が刊行された）。

〈第三の場〉とは、とりたてて行く必要はないが、常連客にとって非常に居心地がよいゆえに行きたくなるような場所である。会員制にはなっておらず、予約などするような場所でもない。いつでもひとりでふらっと立ち寄って、店主やほかの常連客に歓迎される。そして、帰りたいと思ったら、いつでも帰ればよい。その意味では、第一の場所である家庭とも、第二の場所である職場とも著しく違うだろう。ただし、家庭とは異なるものの、「アットホーム」な気持ちでいられることが〈第三の場〉の大きな魅力である。

『サードプレイス』では、オルデンバーグは第二次世界大戦後のアメリカ社会における〈第三の場〉の喪失を嘆いており、そのような場所の社会的重要性を強調しながら、パリのカフェや、イギリスのパブ、ドイツのビヤガーデンなどヨーロッパ社会の代表的な〈第三の場〉を、アメリカの貧弱な飲食店文化のよき対照として称揚している。さらに、〈第三の場〉が民主主義社会には不可欠であると論じており、その点、ロバート・D・パットナムの『ボウリング・アローン（邦題：孤独なボウリング）』と類似するところがある。

私はオルデンバーグのアメリカ社会に対する批判的な視点に共感を覚えるが、彼はときにノスタルジーに浸りすぎる傾向があり、やや単純論に陥る側面もなくはないので、彼が提唱する論をそのまま導入するわけにはいかない。いずれにせよ、日本社会での〈第三の場〉を考えるとき、オルデンバーグが依拠しているヨーロッパや「古きよき時代」のアメリカ社会だけを事例にしては、理論として限界がある。たとえば、東京では多くの勤め人はマイカーではなく電車で通勤しており、仮に特定の居酒屋を〈第三の場〉として利用していても、オルデンバーグが前提とするように、それは必ずしも自宅の徒歩圏内に立地しているとは限らないだろう。むしろ職場の周辺にある店を選ぶ、または職場からも家庭からも離れた、別の

〈居場所〉を確保したい勤め人も少なくないだろう。後者は、仕事帰りにひとりで途中下車し、職場の同僚にも遭遇せず、自宅の近所の人にも出会わないで済む、まさに第三の居場所である。そういう場所だからこそ、職場からも家庭からも解放された時間を満喫できるわけだが、残念ながらオルデンバーグの視野外にある。

また、オルデンバーグが称賛するパリのカフェでは、客同士で会話が活発に交わされるかもしれないが、日本の喫茶店――少なくとも東京の多くの喫茶店――ではほかの客と歓談したいがためにそこに入る人はごく少数派だろう。むしろ、誰にも邪魔されずにひとりでいたい、または友だちとふたりで行って静かに話したい場合が多いのではないだろうか。もちろん、日本でも喫茶店は〈第三の場〉になりうるし、とりわけ下町や地方都市にあるような、いわば「街角の喫茶店」では、店主やほかの客と会話を楽しむような光景がよく見られる。だが、欧米の事例を基準にして考えると、日本の飲食店文化特有の深層に肉薄できないので、本書では日本の文化状況に照準を合わせながら、〈第三の場〉という概念を調整して導入するように心掛けた。

それでも現在、日本と欧米社会では、もっとも代表的な〈第三の場〉が飲食店であるという共通点は興味深い。

アルコールが介在しているとは言え、居酒屋のカウンターでは隣の客が他人であろうと、軽く会話を交わすことはめずらしくない。東京の日常生活において、そのような他者同士の気楽な交流が生じる場面は、あまり見られないだろう。

ところが、日本社会では居酒屋や街角の喫茶店だけが〈第三の場〉になりうるというわけではない。たとえば自宅に風呂があるのに、近所の銭湯が居心地のよい、社交的な場所に感じられるため、週に何回も通う人にとって、その銭湯は（当人の）〈第三の場〉と見なせるだろう。ローカルな居酒屋と同様に、同じ時間帯に行くと、だいたい同じような顔ぶれが集まり（銭湯にも「常連」がいるわけだ）、そのうちにほかの常連たちと挨拶《あいさつ》や軽い会話を交わすことにもなるだろう。要するに、人によっては飲食店のみならず、銭湯も、早朝のゲートボールのグラウンドなども、〈第三の場〉になりうる。

だが、現代の日本における代表的な〈第三の場〉は、やはり赤提灯のカウンターだと思う。〈第三の場〉の重要な特徴として、客がいつひとりで立ち寄っても、ひとりでいる感じがしないことが挙げられる。言うまでもなく、これはきわめて主観的で曖昧な基準であり、実際にどこを〈第三の場〉と見なすかは、けっきょく各自の感じ方によって異なる。だから同じ店が同時に、ある客にとって〈第三の場〉と言えるのに、隣の客にとっては単に酒を呑ませてくれる店にすぎないという状況もありうる。要するに、客によって、ある店がもつ意味合いも機能も大きく異なり、また、当人の日常生活におけるその店の比重も違ってくるわけである。

抽象論だけではつまらないから、具体例を挙げよう。ローカルな赤提灯では、次のような光景が見られる――店主の手がふさがっていると見たカウンター席の常連客が、店に入ってきたばかりの別の客のためにカウンターを拭いてあげたり、皿を下げたりする。あるいは店主が忙しいと、常連客が店の冷蔵庫から自分のためのビールを取り出して「一本いただいたよ！」と知らせるような光景も見かける。まさに、アットホームな気持ちでいるがゆえにできることである。もちろん、このような行為はごく信頼されている常連客の特権であり、いくら常連客とは言え、店によっては嫌がるところもあるので、許されることをよく承知していないと、「馴れ馴れしい奴だ！」とヒンシュクを買う恐れがある。いずれにせよ、そのような光景が目に入ったら、少なくともその当人にとってその店はまぎれもない〈第三の場〉だと言えるだろう。英語で、“a home away from home”という言い方がある。「自宅ではないが自宅のように気楽な場所」を指す表現だが、日本では赤提灯ほどこの表現に当てはまる場所はないと思う。

顧客ではなく一個人

〈第三の場〉のもうひとつの特徴は、店内の会話である——声に無駄な力が入っておらず、また笑いがよく起こることが特徴だと言える。たとえば、次のように遊び心溢れる会話を赤提灯ではよく耳にする。

「おっ、久しぶりだな。どうしたんだよ？　死んだかと思ったよ」
「いやー、死にはしないが、仕事に忙殺されていてね……」

換言すると、「ずいぶん久しぶりだね。しばらく見ていなかったから、あんたのことを心配していたんだよ」ということになるが、少なくとも男同士ではそこまで素直に気持ちを表すことはなかなか難しいし、いずれにせよ、こういう言い方の方が、お互いに楽しいではないか。

しかも、楽しいだけではない。見逃せないのは、この軽いやり取りを通して、久々に入ってきた客は店主やほかの客たちに大切にされていることを再確認する、という大事な作用が潜んでいる点である。つまり、その店では自分は単なる顧客（＝消費者）ではなく、一個人である、と。家庭では夫や父親、職場では平社員や課長など、それぞれの場所ではっきりした役割を背負わなければならないし、それに付随する責任もある。ところが、〈第三の場〉では肩書がほとんど関係なくなる。店内の雰囲気を害しない限り、特別な責任も伴わない。そして、何よりも個人として扱ってもらえるからこそ、常連客にとってその店が日常生活のなかのきわめて大事な居場所となる。

だから居酒屋というのは、喉を潤《うるお》しながらお腹《なか》を満たしてくれる息抜きとストレス解消の場所に留まらず、常連客にとって個人としての価値を再確認させてくれるという大切な機能をもっているわけである。

オルデンバーグは、アメリカの乏しい公共空間に対して、このような見逃しやすい効果を含め、〈第三の場〉が果たす様々な社会貢献を挙げており、各自のストレス解消および自己確認が、間接的ながら〈第一の場所〉である家庭、そして〈第二の場所〉である職場の円満な雰囲気や円滑な運営にもつながる、と論じている。たまに著者の情熱のあまり、過剰なロマンティシズムおよびノスタルジーに陥る傾向もあることは否めない。しかし、そのような弱点にもかかわらず、オルデンバーグは〈第三の場〉の社会的な重要性について、十分な説得力をもって論じているように思う。ただし、欧米以外の社会にほとんど言及していないので、当然ながら日本の居酒屋文化もまったく視野外にある。

私は、本書で詳しく論じるように、日本社会においては居酒屋こそがもっとも代表的な〈第三の場〉だと考える。その意味では、本書はオルデンバーグの都市空間論を日本社会に当てはめようとするのと同時に、日本独自の社会空間を仔細に観察することによって、オルデンバーグが提唱する〈第三の場〉という概念の限界と可能性を新たに考察する試論でもあるということができよう。

アットホーム、「壁」の低さ

居酒屋は確かにストレスを解消させてくれる側面があるが、その面でのアルコールの効用は少なくない。だが、アルコールだけならば、いわゆる「家呑み」でも同じ効用が得られるはずなのに、やはり居酒屋とは違うだろう。居酒屋というのは、社交的な憩いの場だから、たとえばジョギングなどによって得られるストレス解消とも質が異なる。とは言え、どこの居酒屋でもよいというわけではないだろう。

私は多様な居酒屋のなかで、〈第三の場〉の役割をもっとも果たしているのは、①「アットホーム」な気持ちでいられる小ぢんまりしたローカルな赤提灯、そして、②店内は広くても客同士の間を隔てる多様な「壁」がきわめて低い大衆酒場や立ち呑み屋である、と考える。

ただし、前記の①の「アットホーム」という基準はなかなか難しいところがある。まず、きわめて主観的な基準であることは言うまでもないが、さらに〈第三の場〉が家庭《ホーム》を彷彿させながらも、家庭とは異なるがゆえに効果をもたらすわけだから、大きな矛盾の上に成り立っていると言えるかもしれない。だが、私は〈第三の場〉が家庭との類似点と相違点を両方備えているからこそ好まれると考える。いずれにせよ、本書の後半において、多様な事例を考察していくうちに、この「矛盾」は徐々に解消されていくと思う。

また、前述の②の「壁が低い」という表現は、多面的な比喩として理解していただきたい。これについてはとくに第二章で詳述するが、集約すれば、居酒屋のなかで〈私有〉の論理に重点をおく店がある一方、〈共有〉の方針に重点をおくような店もあり、概して言えば〈第三の場〉として機能する居酒屋は、客たちの間で〈共有〉される側面が多い傾向が見られる。たとえば同じ居酒屋とは言え、割烹など高級な店であればあるほど客が私有できる側面が増え、それによって特定の味わいが生じる。だが、そのような居酒屋は、通常、〈第三の場〉として機能しているとは言い難《がた》いだろう。逆に、小ぢんまりしたローカルな赤提灯や、大衆的な安酒場であればあるほど、共有される側面が多くなり、それゆえに共同体意識および周囲の客たちとの交流が成り立ちやすくなる。したがって、そのような居酒屋の方が〈第三の場〉になりがちである。この点については、第二章以降で具体例を挙げながら詳しく触れる。

社会的な身分からの解放

さて、〈第三の場〉の社会貢献のうち、オルデンバーグが"leveling"と呼んでいる現象も重要だから、ここで紹介しよう。

"level"とは「平坦」という意味だが、〈第三の場〉の理論では、「社会的地位による格差をなくす効果」、つまり「平等にする」という意味で使われる用語である。居酒屋で言えば、客がのれんをくぐった時点で「名刺を預ける」ということがよく指摘されるが、それはまさしく"leveling"という現象に着目した表現である——いったん店内に入れば、大企業の重役であろうと道路工事現場の下っ端であろうと、肩書がほとんど関係なくなる、と。

さらに、オルデンバーグの指摘で重要なのは、そういった社会の束縛から解放感を覚えるのは、何も地位の低い客だけではない、という点である。職場の若造がひとりでのれんをくぐった時点から誰にもヘコヘコしなくて済む、だから解放感を味わうという状況は分かりやすいが、常時おだてられている重役も同様に、所属している組織および社会に付与されている地位から一切解放されたいときもある、という点は見逃しやすいだろう。

けっきょく、対極の立場にあるように思われがちだが、両方の客に共通しているのは、家庭という小さな私的組織であろうと、職場というもっと大きな公的組織であろうと、しばらく両組織から切り離され、一個人として接してもらいたいという願望があることである。そして、行きつけの小ぢんまりした赤提灯や大衆酒場なら、そのような「自己確認」が自然に叶えられることが多いからこそ、多様な地位の人が通い続けたくなるわけである。

社会的地位や経済力などの代わりに、〈第三の場〉では客一人ひとりの言動が重視される。たとえば、のれんの外ではどんなに「偉い人」でも、赤提灯でデカイ態度を取ったり周りの客に迷惑をかけたりすると、たちまちそのお偉いさんの株は暴落し、おまけに「お前、出入り禁止だ!」と追い出される破目になりかねない。貴族社会、そしてその延長線上にある会員制クラブなどとは大違いである。

確かにそのような居酒屋では、各自の肩書や経済力などが重視されない半面、客一人ひとりの店内における言動および「通飲歴《つういんれき》」によって新たな地位が付与され、またそれによってその店特有のヒエラルキーができあがる傾向がある。とは言え、店内の束縛の度合いが、職場や一般社会に比べてきわめて緩いことに変わりはない。何せ、窮屈に感じはじめた客は、会計さえ済ませたらいつでも勝手に出て行けるし、気が向かなければ二度と顔を見せないで済むのだから。

ギブ・アンド・テーク

ただし、いくら特定の居酒屋を贔屓にして「通飲」し続けたとしても、いつも職場の同僚と一緒にテーブルを囲み、不在の上司の悪口で盛り上がっているようでは、その店は職場の延長にすぎないだろう。やはり、〈第三の場〉になるためには、店を定期的に利用するだけでなく、ある程度その店に個人として接し、店内の緩い共同体に何らかの形で参加して、つまりその店独自の雰囲気に貢献する必要があると思う。金を払う以外の「ギブ・アンド・テーク」が多少期待されるわけである。

このように書くと、客が店に対してずいぶん献身的にならなければ受け入れてもらえないように思われるかもしれないが、けっしてそうではない。周囲に迷惑をかけずに、定期的に顔を見せていれば、常連になるにつれて単なる顧客ではなくなり、ひとりの人間として扱われるようになる。そして、客一人ひとりが自分が大切にされていると思うと、自然にその店も大切に守りたくなるだろう。だからこそ、一見客がいきなり侵入してくると、常連たちの視線がまるで番犬のごとく、一斉に侵入者に向けられることになる――「おい、見たことない奴だな。うちの店の雰囲気を壊さないかね……」と、しばらく見張ることになるのだ。

「うちの店」という言い方に反映されるように、常連客はその店に対する強い〈所有意識〉をもっており、知らぬ客に対する警戒心は、その意識に基づくものだと理解されるべきである。すなわち、「ここはオレたちの大事な居場所だぜ。入ってきてもかまわないけど、雰囲気を壊さないでくれよ」と言わんばかりの態であり、それが一見客に入りにくい印象を与えることになる。

ところが、実際に入ってみて、店主や周囲の客に嫌がられるような、出しゃばった態度さえ見せなければ、「番犬」たちは安心してだんだんと牙《きば》を隠すことになる。しかも、通い続ければ、そのうち顔を出したときに、番犬どもが尻尾《しっぽ》まで振って歓迎してくれる可能性が十分にある。つまり、彼らには悪気はない。単に自分たちの大事な居場所を守りたいだけである。睨《にら》まれていた一見客も、いずれその店の「番犬」に化けるときがくることもある。

さて、〈第三の場〉についてもうひとつ触れなければならない側面がある。

本書の女性読者のうち、前記の話があまりにも男性中心の視点から語られているため、抵抗感を覚える方もおられるだろう。確かに、近年の居酒屋にはずいぶん女性の姿が増えたし、バリバリの大衆酒場でさえも女性客を見かけるようになってきた。だが、依然として日本の居酒屋文化は男性中心の場所だと言えるだろう。それに日本社会のみならず、オルデンバーグも指摘しているように、〈第三の場〉というのは「同性のみで形成される共同体」が普通である。本書ではこのような同性で形成される共同空間を「ホモソーシャルな場所」と呼ぶ。〈第三の場〉がどうしてもホモソーシャルでなければならない鉄則はないが、本当に肩の力が抜けた、気を遣わないような場所を求めるとき、多くの人は同性の集う環境を自然に選びたがるようである。例外はあるものの、通常は異性が混在する空間は、場所全体のテンションが高まり、異性の存在を意識したり、ときに競争心が刺激されたりすることもある。とにかく、異性が混在することによって場所の和やかさが損なわれる傾向があるからこそ、そのような和やかさを重視する〈第三の場〉は、同性のみの集いで構成される場合が多いわけである。

"public"と"informal"

最後に、オルデンバーグの論で見逃せないのは、"public"と"informal"というふたつのキーワードである。彼の論では、この両側面を備えていなければ、真の〈第三の場〉とは呼べない。

"public"（公的）とは、個人宅や会員制の集いでないことを意味する。会費や入場料などが生じるような場所は、ある程度プライベート（私的）な場になってしまう。

"informal"というのは、誰でもいつでも顔を出し、帰りたいときにいつでも帰れることを指す。だから、組織化された習い事などは、参加に対する規定が多く設けられているために〈第三の場〉とは見なせない。たとえば、市民会館などでは女性のための講座がたくさん設けられているが、生け花であろうとヨガやベリーダンスであろうと、いつでも誰でもふらっと立ち寄って参加できるものではない――初心者向けの講座もあれば、上級者向けもあり、しかもそれぞれ開講時間が限られている上、受講料や会費が生じるから、近所の喫茶店や居酒屋や銭湯のごとく、営業時間内であればいつでも立ち寄って、一、二時間居座りながら時間をつぶすわけにはいかないだろう。

しかし、同じく公民館によくある将棋・囲碁コーナーは、開館時間から閉館時間まで常時開いており、誰でも気が向いたときに立ち寄って、一局指したり（囲碁なら「打ったり」）、または指さなくてもそこに集まる「常連」とお喋りしたりするだけでもよいから、人によってはそのコーナーが〈第三の場〉と見なせるように思う。

〈貫禄〉と〈けじめ〉

経験を積んだ居酒屋の店主や店長からは、貫禄を感じさせられることがある。しかし〈貫禄〉とは、いったい何だろうか。しっかり感じ取れているとは思っていても、いざ定義しようとすると、なかなか難しい。『広辞苑』によると「身にそなわる威厳。おもみ」ということになるが、居酒屋の世界では店主や店長のみならず、店に対しても使われる言葉ではないか。それに、いろいろな居酒屋の店主を見比べれば明らかなように、「威厳」が多様なかたちで表れる——もっとも典型的なイメージは寡黙な厳格たる親仁《おやじ》かもしれないが、非常に温厚ながら貫禄を感じさせる人もおり、女性店主にも貫禄を醸し出している人もいるから、少なくとも〈貫禄〉には個人差がかなりあると言えよう（これについて、第六章で具体例を挙げている）。

しかし、〈貫禄〉の表し方は異なっても、大まかな共通点は見受けられると思う。店主にせよ、店自体にせよ、余分に気取らず、飾らないことが〈貫禄〉の共通点として挙げられるのではないだろうか。また、〈貫禄〉というのは長年の経験だけでは身につかない半面、新米店主や開業したばかりの居酒屋に「貫禄がある」とは、あまり言わないだろう。前者については、日々を積み重ねながら、まじめに、しかも地道に仕事に打ち込んできた姿勢が必要だと言えよう。

さらに、店主や店長の場合、自分自身および店に対して自信を持っていることも〈貫禄〉の一面だという気がする。その意味では、私が「貫禄がある」と感じる居酒屋の多くに、BGMもテレビもないことは偶然だと思わない。「うちにはそんなものは要らん」と言わんばかりの態である。つまり、ちゃらちゃらしたものを身につけないのと同様に、音を含めて、店に余分な装飾をすることを嫌う傾向が見られる。

あるいは、それは〈けじめ〉と呼べるかもしれない。〈けじめ〉も正確に定義し難いが、居酒屋に限って言えば「店の雰囲気を守るためには、客に好かれなくてよい」という覚悟をもって営業の方針を貫いている人に〈けじめ〉は見受けられよう。酒やつまみで流行ばかり追いかけたり、あるいは客をおだてたりするようなことはしない。だからと言って威張っているわけでもなく、淡々と仕事をして店を大事にしているだけである。

ただし、〈貫禄〉と〈けじめ〉が感じられるからと言って、店内が常に厳格な空気に包まれ、それゆえ気楽に酒が呑めないというわけではけっしてない。店主において、〈貫禄〉と〈けじめ〉を表す方法がいろいろあるのと同様に、店においても幅が広いと言える——静かな店で、大衆酒場と同じような大声で喋っていると店特有の雰囲気や味わいが損なわれ、ヒンシュクを買うに違いない。逆に、大衆酒場ならまったく周囲に気を遣わずに自由奔放にふるまっていいかというと、それも違う。確かに、安酒を呷《あお》りながらギャグをかましている客もいれば、野球や競馬について議論している客もいるし、ひとり黙々と呑んでいる客もいる。かなり広い範囲の言動は許されるし、店内の音量も大きくなりがちだが、〈けじめ〉のある大衆酒場は、騒ぎすぎる客や、泥酔している客に対して意外に手厳しいように思う。一喝して警告するか、いきなり「出入り禁止だ、二度と来るなよ！」と追い出すこともめずらしくない。

　とにかく、店内の雰囲気はどうであれ、名店居酒屋とされている多くの店の共通点は、〈貫禄〉に加えて〈けじめ〉が感じられることだと思う。

居酒屋選びのための五要素

居酒屋を選んだり評価したりするときには、どういう基準が使われるのだろうか。

インターネットを含め、居酒屋ガイドを頼りにするときは、その問題をある程度他者に任せていると言える。だが、自分の嗅覚だけを頼りによい居酒屋を嗅ぎつけようとする場合、店内に入って酒やつまみを注文してみないと味は分からないし、仮においしくてもほかの要素のために不愉快な思いをする可能性もあるので、なるべく後悔しないような店を選びたい。その際、店を外から観察するだけで、意外なほど豊富かつ有用な情報が手に入る。店の立地条件も、店舗の外側から見受けられる側面も、まさに重要な情報となるわけである。

熟練した酒呑みには、このような情報をほぼ無意識に読み取る習慣が身についているはずだが、普通の客はさほど微細なことに注目せず、テキトウに店を選ぶだろう。そして、どんな店でもだいたい満足できれば問題はないが、そうでない限り、店を選ぶ際の「失敗率」を下げたいだろう。本書では、他者に頼らずに居酒屋を選ぶとき、重要な要素は五つあると論じている。以下、簡単に紹介しよう。

（1）〈品《しな》〉——品書きに記されている酒肴

言うまでもなく、誰もわざわざ不味いものを食べたいと思わないが、逆に旨いものだけを求めて食べ歩く「食通」たちは、居酒屋という〈場〉のほんの一面にしか接していないように思える。彼らは優れた味覚をもっているかもしれないが、私に言わせれば〈物〉にばかり集中していると、居酒屋の真の旨さ――広い意味で、その店の多様な〈味わい〉――に気づかずに帰ってしまうことになりかねない。鈍感な味覚がよいとは言わないが、本書では「店＝品」という狭義の発想を極力避けることにしている。

（2）〈値〉――品の値段

値段やコストパフォーマンスはもちろん大事である。それによって客層が大きく変わるし、金持ちでない限り、店を選ぶときに無視できない要素でもある。ただし、ネット上の居酒屋ガイドを調べればすぐに分かるから、本書では価格に言及する場合、数字をあまり挙げないで、「安い」や「ちょっと高い」など、あえて曖昧な表現を用いるようにする。

（3）〈地〉の味わい

この要素について、ほとんどの居酒屋本は言及していないと言える（大竹聡著『ひとりフラぶら散歩酒』や、藤木ＴＤＣ著『場末の酒場、ひとり飲み』のような例外はあるが）。しかし、その街の土地柄や立地条件などに注目することが、店選びの際に予想以上に役立つこともしばしばある。また、それによって居酒屋の味わい方が広がるという利点もあるので、第四章で詳述する。

（4）〈場〉の味わい

前記の〈地〉とは、店と街との関係に着目した要素だと言えるが、〈場〉とは店構えや外観および店内の諸要素——規模や構造、内装や照明や音量など——を指す。店の表から読み取れる情報だけでも膨大な量におよび、「外観を読む」能力を身につければ、のれんをくぐる前からどんな店なのか、かなり正確に当てられるだろう。第五章でこの要素を掘り下げる。

（5）〈人〉——人間味

前述したとおり、私自身は居酒屋を楽しむためにこの要素がもっとも重要だと考える。

そこそこ旨い料理を手ごろな値段で出すことは難しいかもしれないが、これはチェーンの居酒屋でもできる場合があるから、さほど難儀だとは言えない。だが、小ぢんまりした店では、カウンターの内側に立っている店主はかけがえのない存在であり、そのひとりの人間によって、店での居心地が大きく左右される。さらに、客たち（とりわけ常連客）も店内の雰囲気に対して大きな影響を及ぼす。第六章で、私の飲み歩き体験のなかから、とくに印象に残っている店側の人々、そして客たちの具体例を挙げながら、この要素について考察する。

これら〈地〉〈場〉〈人〉の三要素を念頭におきながら「穴場を嗅ぎつける術」を、第七章で私なりに整理してみた。すなわち、最終章である第七章は応用編となる。また、第七章の最後で、ネット時代における居酒屋の変容ぶりについて軽く触れる。

第二章　和風酒場の種類と特徴——赤提灯あれこれ

まず、〈赤提灯〉の多様性に着目しよう。前章では〈赤提灯〉というカテゴリーをかなり狭く規定したが、この類《たぐい》の呑み屋はけっして一枚岩ではないということが、本章で明らかになろう。たとえば、営業形態（立ち呑みvs.座り）や、提供する主要な品（焼き鳥や串カツやおでんなどの専門店もあれば、幅広い品を提供する「一般的な」呑み屋もある）によっても違いがある。本書ではいくつかの例外を除き、それらをすべて〈赤提灯〉と見なす。

言うまでもなく、以下に提示する〈赤提灯〉の分類法は網羅的なものではなく、また使い手によってカテゴリーが微妙にずれることもある。たとえば、焼き鳥屋とモツ焼き屋では、提供する品がかなり重複する場合があり、それを混同して使っている店もあれば、きちんと分けて名乗っている店もある。だから、どこに線を引くべきかはなかなか難問だが、本章に登場する居酒屋のカテゴリーは、いずれも一般的に使われているものばかりである。

また、本書全体で私が分類することに重点をおいているのは、単なるアカデミックな遊びのためではない。むしろ常用されている呑み屋のカテゴリーを個別に考察することによって、それぞれの特徴を浮き彫りにし、日本の居酒屋文化全体に新たな光を当てることができると考えているからである。

なお、抽象論で終わらないように、本章および次章では、私が全国で訪れた店の一部の事例を挙げている。とりわけこの第二章と第三章が、居酒屋文化論と共に全国の酒場ガイドを兼ねている。

〈立ち呑み屋〉 立ち呑み屋は屋台と同様、品書きで判別されるのではなく、店舗特有の形態によって判別される。ただし、屋台が呑み屋に限らないのに対し、立ち呑み屋は読んで字のごとくれっきとした酒場であり、本書では赤提灯の一種と見なす。概して言えば、立ち呑み屋は、同じ質の酒肴を出す「座り」の赤提灯に比べて安い。ただし、最近の立ち呑み屋はかなり多様化しており、酒肴の値段や質において、以前よりも幅が見られるようになってきた。
立ち呑み屋の営業上の利点は少なくない。椅子をおいていないため、客数を柔軟に受け入れられる（＝詰められる）だけでなく、立っているために客があまり長居しない傾向があるから回転が速く、コストも抑えられる。

客からしても利点がある。何よりも、座りの居酒屋に比べて安く済む。また、気軽にふらっと入って、あまり注文しなくても気軽に帰れるのが魅力だと言える。

立ち呑み屋が混んでくると、客がカウンターの前で体を斜めにしたり、酒とつまみを小さくまとめたりするような気遣いが求められる。隣の客との距離がどんどん縮んでくることを窮屈に感じる人もいるだろう。ところが、その場に慣れた客が集まる立ち呑み屋では、客同士の物理的な距離が縮んでも、程よい精神的な距離感が保たれるように感じられるので、むしろ微妙な共同体意識が生まれることもある。

庶民的な立ち呑み屋や大衆酒場では、客一人ひとりが専有できる場所と物がごく限られていることも特徴だと言える——カウンタースペースも、周辺で飛び交う会話も、カウンターや合席用テーブルを拭くための布《ふ》きんでさえも共有されることがあるので、そのような状況を不快に感じる人は避けた方が無難だろう。

東京の立ち呑み屋

東京には昔から立ち呑み屋があったが、近年の立ち呑みブームまでその多くは、肉体労働者の居住者が多い都内の北東部周辺、そして蒲田のように町工場が密集する地区に集中していたようである。ところが、生活に余裕がなくなると、ホワイトカラー業が集中する都心部にも普及し、徐々に多様化しながら定着しつつあるようだ。

社会学者の橋本健二は、居酒屋を通して拡大する経済格差を垣間見ることができると論じている。橋本によると東京では立ち呑み屋が増えただけでなく、客層がだいぶ変わったそうだ。すなわち、従来、労働者階層の客が集っていたような店でも、中産階層のサラリーマンがかなりの比重を占めるようになり、いままで常連だった肉体労働者たちは安い立ち呑み屋にすら入る余裕がなくなったというのだ。それほどまでに困窮に陥っている人の数が増えたということを、橋本は強調している（『居酒屋ほろ酔い考現学』参照）。確かに一昔前に比べ、東京のどこの立ち呑み屋であろうと、中産階層らしき男たち――そして女性客――が増えた。

従来、立ち呑み屋は味よりも分量の多さと安さがウリだったと言えるが、赤羽の名店「**＊いこい**」は幅広いつまみを驚くほど安い値段で出している。それこそ千円札一枚で、呑みながらお腹いっぱい食べられるから、いわゆる「コストパフォーマンス」では東京一かもしれない。また、つまみがしっかりしており（たいていのチェーン店居酒屋よりよっぽど旨い）、しかも午前七時（！）から開いているので、夜勤明けで一杯やりたい勤め人にとっては、とくにありがたい店である。

都心部では、渋谷の「**富士屋本店**」は由緒ある正統派の立ち呑み屋として定評がある。目立たないビルの地下なのに、広い店内は活気に満ちており、オヤジ族にとってこの店は、若者が溢れる路上の世界に対する解毒剤のように感じられるだろう。

肉屋から立ち呑み屋に変貌した「**＊肉のまえかわ**」は、大井町の東小路という闇市由来の細い路地にある。ここはカウンターではなく、小さな立ち呑み用のテーブルがいくつも並んでいるが、店の真ん中には広い「合席」ならぬ、「合い立ち」用テーブルがおいてある。主に常連客に占有されているようだが、多様な客が集まるため、そのテーブルは異彩を放っている——長年、肉体労働で鍛えられた体をもつ野球帽にジャージ姿の爺さんもいれば、高級スーツをぴしっと身にまとった会社の重役もおり、皆ここでは呑み仲間である。そして、日常生活では交流がなさそうな相手と和気藹々《あいあい》会話している。これこそ立ち呑み屋ならではの魅力だと言える。

京浜急行本線の立会川《たちあいがわ》駅付近は大井競馬場が近いから、呑み屋がたくさん並んでいることは驚くに値しない。儲けた人は祝杯を挙げたいし、負けた人は（金が残っていれば）ヤケ酒でも呑みたくなるだろう。

そうした呑み屋の一軒に「**＊しゃべり場**」という立ち呑み屋がある。競馬場の近くにあるとはいえ、「勝駒《かちこま》」という富山県のさらりとした日本酒がおいてあるのには驚いた。東京の地酒専門の呑み屋でもほとんど見かけないのに、まさか立ち呑み屋で出合えるとは思いもしなかった。人気の「十四代」をはじめ、地酒が豊富に揃っており、しかも内装も凝っているから（以前は喫茶店だったという）、立っていなければならないことさえ除けば、不思議なことに立ち呑み屋にいる気がしない。

北千住の「**徳田和良**《とくだわら》」は、美味のつまみを安く出してくれる立ち呑み屋としてすっかり有名になり、最近は開店前から行列ができることもある。

酒場がぎっしり並ぶ中野駅北口の露地にある、ごく小さな立ち呑み屋「**おかやん**」は珍酒をおいており、若い店主がつまみを丁寧にこしらえているのでいつでも賑わっている。一貫百円の立ち喰い寿司「**にぎにぎ一**《いち》」は「おかやん」の並びにある。客はみんな寿司をつまみながらビールか地酒を呑んでいるようなので、ここも立ち呑み屋と見なしてよかろう（ちなみに西荻窪《にしおぎくぼ》には二号店、日本橋には三号店がある）。

東京の西の方面にも、活気溢れる庶民的な立ち呑み屋は多少ある。西武池袋線の秋津駅と武蔵野線の新秋津駅との間にある「**野島**」は威勢がよく、とりわけモツ焼きで知られている店である。拝島駅近くの「**花みずき**」は昼の十二時から開いており、知る人ぞ知る立ち呑み屋である。拝島は都心から遠いが、JRの青梅線、五日市線、八高《はちこう》線の三線が停まるのみならず、西武拝島線の終着駅でもあるので、乗降客は少なくない。東京の西の外れにありながら、店内の雰囲気はむしろ下町の大衆酒場を彷彿させる。

大阪の立ち呑み屋

立ち呑み屋文化にかけて、東京は大阪の足元にもおよばないだろう。というのも、現在の東京の多くの立ち呑み屋はこの十数年の間に現れたばかりなのに、大阪にはバブル以前からずっと頑張ってきた老舗《しにせ》が散在しているからだ。

二〇一三年八月の猛暑が続いていたある日の夕方、JRの大阪環状線福島駅で私は待ち合わせをしていた。最初は改札前で待っていたが、立っているだけで汗が流れはじめたので、駅のすぐそばにある立ち呑み屋「**とらや**」に入ってビールと枝豆を頼んだ。

まったく飾り気のない古びた店であり、十数人が詰めたらいっぱいになりそうだが、幸いにも冷房が効いていた。私が入ったとき、店内の「コの字」型カウンターを囲んでいたのは、明らかに常連客ばかりだった。話が弾んでおり、いかにも楽しそうな雰囲気だった。オルデンバーグも指摘しているが、典型的な〈第三の場〉の店舗は、けっしておしゃれではない。むしろ、ちょっと古く、汚いとまではいかなくてもきれいとは言えないところが多いから、一見客はなかなか入りにくい。「とらや」はまさにそういう店だった。さらにオルデンバーグが指摘しているように、笑い声と楽しい会話もこのような場所の特徴である。飾り気のない店内を補うかのように、祝祭性と遊び心が溢れる「とらや」は、まさに〈第三の場〉であるように感じられた。

会話の主役は七十歳前後の男性客ふたり。ひとりは奥さんらしき女性と一緒に呑んでいた。女性はたまに夫らしき男性を茶化したりして、店によく慣れている雰囲気だったので、常連客のなかには女性も多少いるらしい。常連同士が盛り上がっているところに入ったので、私はなるべく目立たないようにカウンターの反対側の端っこで、静かにビールを呑みながら待ち合わせまでの時間をつぶしていた。しかし、自然にカウンターの向こう側の会話が耳に入る。はじめはおっさん三人の下ネタ話だった——。

A「ワシ、あっちの方はもうアカンわ。糖尿病やからなぁ」
B「そやけど、こないだ若いコ連れて来てて、あれから一緒に向こうのホテル行ったやないか?」
C「あのホテル、もう閉《し》うてしもたんとちゃうか?」
B「改装しとったんやがな。いま、またやってるで」

周囲の常連客が自由に会話に加わるところこそ、まさに庶民的な呑み屋、そして「コの字」のカウンターの効果だと言える（カウンターの機能と効果については第五章で詳述する）。
さて、下ネタから今度はお互いの孫の話に移った。ひとりが糖尿病のおじさんに対して「あんたは孫のことんなったら、いつも目じりが下がっとるで」と言ったら、次のように返していた——。

「そう言うやけど、うちの嫁はんがな、孫にワシのことを『じーさま』て呼ばせとんねん。ほんでな、ワシがスーパーに連れて行くやろ?
ほいで店んなかでワシがちょっと見えんようなったらな、孫が大きな声で、

『じーさま！　じーさま！』
言うて探しよるねん。ほな周りの人が皆、こっち見よるがな。
ほんでまた孫が『じーさま！　じーさま！』言うねんけどな、
ワシャ、水戸黄門か!?　ちゅうねん！」

あまりにも痛快な「大阪おっさんトーク」に、私はビールを噴き出しそうになった。けっきょく「とらや」にはたった十分しかいられなかったが、絶えずニヤニヤしていた。このように、立ち呑み屋の「コの字」のカウンターで呑んでいると、お互いの顔が見え、会話をはじめとする空間全体が全員に共有されがちである。旨い酒肴は出ないかもしれないが、このような会話こそが絶品のつまみに感じられる。しかも翌日、街を歩いていると、「じーさま！　じーさま！」の声がふいに耳に蘇《よみがえ》り、またもひとりでニヤニヤしているではないか。まるで牛のごとく、そのときの話を何度も反芻《はんすう》して味わえたので、ずいぶん豊かな十分間が過ごせたと言える。

同じＪＲ環状線の外回りで二駅しか離れていない天満《てんま》駅周辺は立ち呑み屋を含め、安酒場の激戦地として知られており、立ちであろうと座りであろうと、ビール大瓶が税込みで三百五十円前後という、いわゆる「天満価格」が常識になっているらしい。「**酒の奥田**」は広い大衆的な立ち呑み屋なのにめずらしく禁煙であり、近くの「**大安**《だいやす》」は魚介類の旨さに定評がある。

天満には、〈和〉のみならず〈洋〉および〈和洋折衷〉とでも称すべき立ち呑み屋が増えている。さらに、この周辺ならではの安価・高品質の店が多い――立ち呑みワインバー「**ヴィンテージ24**」は数種類のグラスワインのほか、二百五十‐三百五十円という値段でフランス料理系やイタリア料理系のしっかりしたつまみを小皿で出している。和洋折衷の「**肴や**」は内装が渋く、酒肴はどれも美味なので、最近すっかり有名になってきたようである。

駅から少し離れているが、詰めても七、八人しか入れない立ち呑み屋「**かんちゃん**」の和洋折衷メニューがめずらしい――うざくも串カツもあれば、ルッコラと夏野菜のサラダ（三百八十円）や名物のローストビーフ（五百八十円）もあり、どれも旨い。一回しか行っていないので、客層や雰囲気はよく把握できていないが、「ヴィンテージ24」や「肴や」と違い、店内はけっしてきれいとは言えない。しかも私が入ったときには、テレビのバラエティ番組がかなりの音量で流れており、ふたり組の女性客がそれに負けない大声で喋っていた。

そのうちほかの客がみんな帰ったので、くだらないテレビ番組をネタに笑いながら、マスターと軽く会話もできた。

最近、天満が注目を浴びている。おしゃれな店が増え、外部からの客も急増し、一種の「B級グルメ観光地」と化しつつあることを残念に思う。しかし、天満駅周辺だけを例に取っても、大阪の立ち呑み文化の幅広さと質の高さが窺えることに変わりはない。

大阪のキタでは、天満以外に十三駅周辺も安酒場パラダイスとして定評があり、次章で触れる〈角打《かくう》ち〉の数軒に加え、いろいろな立ち呑み屋が密集している。たとえば、泡盛と沖縄のつまみを出す「**はながさ**」はいつも賑わっている。

ちなみに、沖縄では立ち呑み屋を見た覚えがない。呑み屋の形態として好まれていないように思える。戦前に仕事を求めて大阪に移住した沖縄県民の多くは、ミナミの大正区に住みついたため、ＪＲ環状線の大正駅周辺には「民謡酒場」を含め、沖縄居酒屋がたくさんあるが、やはり座れる店が主流である。

立ち呑み屋の数で、大阪のミナミはキタにけっして負けていない。たとえば、あいりん地区周辺では、多くの格安の立ち呑み屋と共にコインロッカーがやたらに目につく。それは路上生活者がたくさんいるからにほかならない。そのあいりんの「難波屋《なんば》」は、全国の立ち呑み屋のなかでも類例がない店だろう。ステンレスのL字型のカウンターは立ち呑み屋らしく飾り気がないが、メニューには意外にもメキシコの「ソフトタコス」のような品もあり、なかなか旨い。だが、一番の驚きは、店の奥に客席が並ぶ別の部屋があり、そこで週に一、二回、ジャズライブを行っていることである。しかも、グランドピアノまでおいてあるではないか！　ふたつの空間を隔てる壁もないから、表の立ち呑みスペースでいつもの激安の価格で呑んでいる限り、ミュージックチャージを取られることもない。路上生活者でも酒を呑みながら音楽の生演奏を耳にすることができる。とにかく大阪の立ち呑み文化は広くて深い。

〈**大衆酒場**〉典型的な立ち呑み屋と大衆酒場には、数々の共通点がある――店員の気さくな接客姿勢、飾り気のない外装と内装、お腹にたまる格安の品揃えなど、椅子の有無さえ除けば、この二種の居酒屋はほとんど判別できないだろう。大衆酒場が広めかつ安めの赤提灯だとしたら、立ち呑み屋は椅子のない、（通常もっと小規模の）大衆酒場だということができよう。つまり、どちらも赤提灯の一種と見なせるわけである。

さらに立ち呑み屋と大衆酒場との共通点を挙げるならば、どちらも従来、肉体労働者の居住地に集中しており、工場の夜勤明けに合わせて早朝、または午後の早い時間から開店し、夜は普通の居酒屋より早く閉まる。最近、〈立ち呑み屋〉も〈大衆酒場〉も増えているのは周知のとおりだが、いくら格安でも、オフィス街に位置し、スーツ姿の会社員しかいないような呑み屋を、本当に「大衆酒場」と呼べるかどうか疑問に思う。皮肉なことながら、これも近年見られる立ち呑み屋と大衆酒場の共通点だ——すなわち、どちらも営業形態として商品価値が上がったため、自然発生したというよりも、いわゆる「昭和レトロ酒場」と同様に、したたかな営業作戦の一環として演出されている側面が際立つ(そう考えると、武蔵野線新秋津駅前の「**サラリーマン**」という迫力ある、れっきとした大衆酒場の店名が何とも奇異に思える)。

だが、多くの共通点にもかかわらず、典型的な立ち呑み屋と大衆酒場との相違点も、ある程度、見受けられる。まず、規模の違いは前述のとおりである。立ち呑み屋は詰めても十人、せいぜい二十人しか入れない店が過半数を占めるのに対して、大衆酒場は最低でも二、三十人入れる規模であり、五十人以上入れる店もめずらしくない。また、前述した大井町の「肉のまえかわ」などの例外はあるものの、多くの立ち呑み屋はカウンター中心の空間であるのに対し、大衆酒場はカウンター席のみの店もあれば、カウンター席がまったくない、またはあってもテーブル席よりはるかに数が少ない店もかなりある。

カウンター席中心の大衆酒場というと、東京なら赤羽の「**＊まるます家**」、門前仲町《もんぜんなかちょう》の「**魚三**」、木場の「**＊河本**」、四つ木の「**ゑびす**」、大阪なら十三の「**富五郎**」（厚揚げが絶品！）、中津の「**憩い食堂**」（迫力満点）、新世界の「**酒房　半田屋**」（紅ショウガの天ぷらが名物）などが思い浮かぶ。

テーブル席のみ（または中心）の大衆酒場の名店をいくつか挙げると、東京では十条の「**＊斎藤酒場**」、王子の「**山田屋**」、門前仲町の「**だるま**」など。また、都内に点在する大衆酒場「**加賀屋**」のほとんどの店舗も、テーブル席中心の空間になっているようである（「加賀屋」はチェーン店と思われがちだが、約半分の店舗が個人経営だそうであり、雰囲気と言い、客層と言い、つまみの種類と価格と言い、十分に大衆酒場と見なせるように思う）。

地方の大衆酒場

地方の大衆酒場では、気仙沼の「**ぴんぽん**」という魚介類中心の店を挙げたい。東日本大震災の後、しばらく休業していたが、移転し再開店してからは常に賑わっており、兄弟である店主たちがいつも元気で明るく、店内に笑い声が絶え間なく響いている。痛ましい光景がいまだに残る店外とは著しい対照を成しており、3・11以前にも増して、気仙沼市民はこのような明るい店を貴重に感じていることだろう。

ちなみに店名は、兄弟ふたりが父親に「お前たちは頭が（卓球のボールのごとく）空っぽだから」と言われたことに由来するそうだが、とにかく愉快な店である。また、東京では食べられない新鮮な魚介類や、漁師たちが船で食べる珍味などを安く出してくれるのも魅力である（店主のひとりが数年間、マグロ船に乗って世界を回っていただけでなく、常連客にも漁師が少なくないので、いい加減な魚を出すわけにはいかないのだろう）。

もう一軒だけ、地方の大衆酒場に触れよう。佐世保の「**ささいずみ**」である。余談だが、私にこの店を紹介してくれたのは、地元のジャズ喫茶「いーぜる」の店主だった。

二〇〇八年の夏に、ジャズ喫茶の調査のために全国を回っていたのだが、いわば「日中の調査」を終えたら、かならずプライベートの「夜の調査」にも繰り出していた。その際、抜け目なく、「日中の調査」でインタビューしたジャズ喫茶の店主に夜の推薦店を訊《たず》ねたが、どこの街であろうと、いい店ばかりを教えてもらえたように思う。そう言えば、「ぴんぽん」を教えてくれたのも気仙沼の老舗ジャズ喫茶「ヴァンガード」の店長だった……。

さて、「ささいずみ」に話を戻そう。広い「コの字」型カウンターが周りを囲む大きないけすのなかにはイカが泳いでおり、客の注文を受けてからイカを水から揚げて捌《さば》くわけだが、そのイカの旨さだけでなく、客層の幅広さに感心した――仕事を終えたばかりの作業服姿の男もいれば、スーツ姿の会社の重役もおり、夫婦で来ている客もいた。のちに「いーぜる」の山下光店主が、メールにて「ささいずみ」の想い出を語ってくれた。

「ささいずみ」は以前は「大規模立ち飲み屋」という風情で日雇い労働者のたまり場のような状況で、当時の店名は「ささ」でした。40年以上も前ですが、僕たち若者もそんな雰囲気が好きで、土で踏み固められた土間の上に置かれた長机とベンチ倚子にぎっしりと座って自動販売機で50円程度で買える焼酎や日本酒を飲んでいました。

今はあまり聞きませんが酒飲みや酔っぱらいのことを「虎」と呼ぶ習慣がありまして、虎が好きな草が「笹」、そこから酒のことを「笹」と呼ぶので店名が「ささ」となったと聞いたことがあります。

そのうち改装がありまして、先般来られたときのような姿になり店名も「ささいずみ」と変わりました。イカや魚が美味しく、アルコール類が酒屋店頭の価格で提供されるのでとても安く、地元の客は勿論《もちろん》、観光客にも人気の有名な店になりました。ただ、2階は古さを感じる度合いがひどい状態でしたので建て替えを考えられたことは理解出来ます。

二〇一三年八月現在、「ささいずみ」は改装工事のため休業しているが、次章で触れるように、九州の地酒と焼酎専門の立ち呑み屋をそれぞれ開いている。この二軒の立ち呑み屋には同じ「**注連蔵**《しめぞう》」という店名がついている。注連蔵とは、先代店主の名前。大正時代に酒屋を営み、当初は店内で客たちに酒を呑ませていた。いわば「角打ち」形式である。後に労働者向けの立ち呑み屋に発展し、さらにその後、かなり大規模な座り専門の居酒屋へと変貌したそうだ。ちなみに、東京の老舗居酒屋の歴史を調べると、似たような変遷を辿った店が意外に多い。

最近、「ささいずみ」はまた代替わりした。改装工事中の店も三階建てになるそうである。地元民に愛される大衆的な呑み屋から始まった「ささいずみ」は、今後もはたして佐世保の庶民に贔屓にされるような店であり続けるのか——改装に伴い価格が上がり、客層の幅が狭くなったりはしないか、やや不安である。

肉体労働者の存在、共有される側面

以上、全国の大衆酒場からほんの数例を挙げてきた。
「ぴんぽん」や「ささいずみ」のように、その地域ならではの名物を出す店もあり、その意味では「大衆酒場」にも地域差が見受けられる。だが、本当の意味での「大衆酒場」には、気仙沼の漁師であろうと、佐世保の造船所で働く工員であろうと、肉体労働に携わる客層が、ある程度、不可欠だと思う。

また、あまり指摘されないことだが、立ち呑み屋と大衆酒場——それに安い庶民的なモツ焼き屋など——にはもうひとつ、見逃せない共通点がある。すなわち、庶民的な安い酒場であればあるほど、共有される側面が増えてくる、という現象である。

いや、何も居酒屋に限った話ではない。生活環境を見渡しても、この「法則」が確認できるだろう。たとえば、江戸なら長屋、現在の東京なら木造の安アパートに住む家族は、一人ひとりが専有できるスペースがごく限られているではないか。また、隣人の会話まで壁越しに聞こえてしまい、日常生活におけるプライバシーがきわめて少ない。それに対し、広い一戸建てや高級マンションに住む家族は、子供一人ひとりの部屋があり、出かけるときはマイカーを使うこともあるから、他者と身近に接する時間が少なくなる。

居酒屋の世界でも、似たような「格差」が見受けられる。

もっとも極端な例だが、一方では伝統的な立ち呑み屋や大衆酒場、他方では割烹を比べて考えよう。

前者では一人ひとりが占有できるスペースが限られているのみならず、与えられた場所をどんどん調整することが求められる——立ち呑み屋が混んでくると、「詰めて」いくように求められるし、大衆酒場では「合席」になることがよくあり、座る位置を変える必要もある。また、そのようなとき、あまり長居してはいけないというのが暗黙のうちに了解されている常識である。ところが、割烹では（一等地の不動産と同様に）、高い「場所代」を払っているだけに、カウンター席であってもゆったり座れるようにスペースが確保されており、詰めたり動いたりする必要はもちろんなく、時間の過ごし方に対してもあまり急かされることはない。

もっと微細な例を挙げれば、大衆的な酒場であればあるほど、お通しなどが出てこないので安く済む代わりに、箸おきもなければおしぼりも出てこない。それこそ激安の呑み屋のカウンターには、濡れた布きんがおいてあり、周辺の客がカウンターを少し拭くのに共有するのみならず、共通の手拭きとして使うこともある。さすがに手にとってしっかり拭くようなことはしないが、たとえば串焼きのたれや油が指についたら、布きんに軽く触れてそれを落とすという具合である。言ってみれば、おしぼりまで周辺の客と共有するような状態だ。不潔に見えるかもしれないが、アルコール消毒をしているおかげか、私自身はそのために胃を壊したり風邪をひいたりした覚えはない。

また、トイレは男女別どころか、店には設置されておらず、路地裏かどこかの共同便所を周辺の飲食店の客たちと共有する場合もよくある。とにかく大衆酒場では、私有・占有できる側面がきわめて少なく、よく見れば共有される側面が多いことが分かる。したがって、大衆酒場の特徴を考えるとき、品書きや店内の雰囲気および客層のみならず、いわば「共有されている側面」の比重も見逃せない。共有される側面が多いゆえに、私がたまたま「とらや」で聞いたような会話も楽しめるわけである。

大衆酒場は異種混合の場所であり、社会の幅広さを思い知らせてくれるという意味でも価値があると思う。価格だけでなく、客と客との間にある、目に見えない〈壁〉もきわめて低いから、予想外の出会いに恵まれることもめずらしくない。つまみの味も濃いかもしれないが、人間関係も濃い場所である。淡白な都市空間の多いこんにちの日常生活では、たまに大衆酒場に身を浸すのもよいだろう。

〈焼き鳥屋〉 串焼きと言えば、まず焼き鳥を思い浮かべる人が多いだろう。赤提灯のなかでも、通常の焼き鳥屋は安く、敷居がけっして高くなく、ハシゴするときの一軒目としてもってこいだ。だが、渋谷の「のんべい横丁」内の狭い路地に佇む「**鳥福**」のように、見かけはけっして高級ではないのに、驚くほど味にこだわる焼き鳥屋もある――店主は炭のみならず、炭火を扇ぐための団扇《うちわ》まで厳選しており、店で使う鶏の品質を確認するために、はるばる愛媛県の養鶏場まで足を運んだことがあるという。「鳥福」は安いとは言えないが、串一本一本に旨味が凝縮しており、噛み応えもある。また、すっかり「消費天国」(または「ガキの溜まり場」)と化した現在の渋谷だけに、戦後初期から残っている、風情溢れる一角の「のんべい横丁」もいっそう味わい深い。

今治焼き

あるいは、上質の焼き鳥を食べたかったら、直接愛媛県に行けばよい。タオル生産と造船業で知られる今治《いまばり》市は、鯛やオコゼなど瀬戸内海の魚も美味であり、県外に出回っていない旨い日本酒もある。しかし、魚や日本酒だけでなく、今治の焼き鳥も、全国のどこにも負けないと言い張るファンがいる。

今治でも、串に刺した普通の炭焼きを見かけるが、「今治焼き」といえば鉄板で焼いた地鶏のことである。なかでも、皿に盛られた「皮」が今治焼きの代表だろう（串に刺して出されることもある）。出てくるのが速いためか、多くの客は最初に皮を注文するらしい。東京などでも食べられる串焼きの皮と違うのは、焼き方だけではない。今治の皮にはかなり肉が付いており、パリッと焼いた皮とジューシーな肉のバランスが絶妙である。

今治焼きの名店は何軒もあるが、私が初めて行ったのは「世渡《せと》」である。一品一品味付けを変えており、お腹がパンクする寸前まで食べ続けたほどおいしかった。東京で食べられる機会はほとんどないので、つい欲張ってしまったのだ。

「世渡」のすぐ近くに「山鳥《さんちょう》」という今治焼きの店がある。ここも鶏専門ではあるが、さしみなどの一品料理のほかに、焼き物メニューとして七面鳥、きじ、しゃも、かも、いのしし、そしてカエルまである。きじは季節限定なので食べられなかったが、焼き鳥を数種類つまんでからカエルを注文してみた。これも鉄板焼きで、焼き鳥のタレにつけるのが意外だったが、予想以上に柔らかく、ぺろっと食べてしまった。皿に残ったのは、それこそ何かの山鳥に見える骨だけだった。

焼き鳥の地域差

全国を回っていろいろな焼き鳥屋に入るまで気づかなかったが、焼き鳥にはその土地特有の鶏肉の味や、料理法、味付けがある。さらに地域によって、鶏以外の「焼き物」もかなり異なる。

今治だけではない。たとえば、佐世保には「くわ焼」（「鍬《くわ》焼き」とも書く）という料理がある。食材を、農作業で使う鍬の上で焼いていたことがその由来だと言われるが、現在は鉄板を用い、鶏肉をはじめ、豚肉や野菜などいろいろなものを焼く。佐世保では〈くわ焼〉と〈焼き鳥〉の両方ののれんを見かけるが、くわ焼の元祖とされているのは「**たこ政**」という店である。だが、この店では鉄板焼きに加え、店主がその朝釣ってきた魚をさしみで出すこともよくあるから、〈焼き鳥〉専門店とは一線を画している。

名古屋が焼き鳥で有名なのは周知のとおりであり、「純系名古屋コーチン専門店」と自称する店をよく見かける。ただ、どういうわけか、名古屋の焼き鳥屋は営業が軌道に乗ってくると、すぐに二号店、三号店を出すようだ。猫も杓子《しやくし》も「焼き鳥帝国」を築き上げようとしているような印象を受ける。そのためか、全国で人口が四番目に多い都市であるにもかかわらず、長年にわたり一店舗だけで地道に頑張り続けてきた焼き鳥屋が意外に少ないように思われる。

とは言え、二号店を開かない老舗は皆無ではない。そのような地味な店を求めて、名古屋駅から地下鉄東山線に乗り、終点の一駅手前の本郷《ほんごう》という郊外の駅で降りた。そして、老舗の焼き鳥屋「**鳥貞**」を楽しみに探し歩いたが、辿りついたらシャッターが閉まっており、「臨時休業」の張り紙が貼ってあった。初代の息子が家族と一緒に営んでいる店だそうで、味がしっかりしていて、おしゃれではなく「普通の雰囲気の焼き鳥屋」という評判である。もう一軒、行ってみたかったのは、大須にある「**角屋**《かどや》」という一九四九（昭和二十四）年創業の老舗焼き鳥屋だが、行ける唯一の日が定休日で、けっきょく鶏肉は旨くても雰囲気はあまり楽しめない店を二、三軒回って諦めた。

残念ながら、まだ鹿児島や宮崎の焼き鳥を現地で試す機会はないが、博多の名店「**信秀**」に行ってみたら、その種類の豊富さと質の高さにぶったまげた。しかも、中洲《なかす》の繁華街に立地する大人気店なのに手ごろな値段であり、従業員たちも、店長およびその父親である初代店主も、温かく客を迎えてくれ、その謙虚な姿勢に感心させられた。あれほどの名店になると、態度が大きくなり、価格もぐんぐん上がり、そして二号店が現れる場合がよくある。「信秀」ののれんには「本店」と記されており、一時期、二号店を出したことがあるそうだが、それをたたんでからこの一店舗を地道に続けてきた。

東京であろうと福岡であろうと、「名店串焼き屋」と呼べる店は、屋台から始まった店がかなり多く、「信秀」も例外ではない。ただし、いわゆる闇市の屋台として始まったわけではなく、店主が一九五四（昭和三十九）年に、五年間働いていた会社を辞めて、廃業になった屋台とその権利を安く手に入れ、まったくの素人から開業したそうである。そのうちに店を構えるようになり、そこで長年営業していたが、デパートが建つことになったので現在の場所に移転した。今は百二十人くらい入れる二階建ての店舗だが、やはりこの店の一等席はカウンター席だと思う。Lの字型カウンターには約二十人が座れ、串焼きのネタが目の前の奥行きの深いショーケースに並んでいる。艶《つや》やかなネタは、どれをとっても新鮮だということが一目瞭然である。

カウンター前に着席するや否や、皿に載ったキャベツが無料で出される（「お通し」ではない)。これに酢をかけて食べる。いまでは博多の焼き鳥屋の定番になっているようだが、この食べ方を創案したのがほかならぬ「信秀」だという。また、「ねぎま」を頼むと、長ねぎの代わりに玉ねぎが鶏肉の間に挟まれたものが出てくるが、これも博多では定番らしい。

「信秀」の場合、何を食べても百点満点だ。博多の焼き鳥屋の定番メニューである豚のバラ肉はもちろんのこと、小さなとんび（イカの口の部分）を四、五本串に刺して軽く塩をふって焼くという珍味は、通常の焼き鳥屋ではあまり見かけないだろう。程よい噛み応えがあり、あっさりした味付けだから、お代わりを注文したのみならず、その旨さとめずらしさに感動するあまり、後から隣に座った一見客にもつい推薦してしまった。けっきょく、博多で三泊するうち二回も「信秀」に行ってしまった。

「信秀」の豊富な串焼きメニューと対極にあるのは、札幌駅から快速列車で四十分余りかかる岩見沢《いわみざわ》駅横の「三船」という焼き鳥屋である。ここも大人気店であり、札幌にも支店があるらしいが、本店は非常に素朴な造りで、大衆的な雰囲気である。しかし、何と言っても、めずらしいのは品書きだ——串焼きは、正肉《しょうにく》（もも）、そして「きも」（鳥の肝）の二種類しかない（独特のそばもあるらしいが）。焼き鳥の専門店で、これほどメニューが限定されているのは全国でも類例がないのではないだろうか。それなのに、店内は常に満員状態であり、持ち帰りの客も後を絶たず、なかにはひとりで四、五十本を注文する客もめずらしくない。兄弟ふたりが交代で焼き台に立つが、すさまじい注文（一日に焼く量は数千本だそうである）をこなすのに休む暇は一秒もないように見える。

店内の活気と質素なメニューもさることながら、私が「三船」を訪れたとき、何よりも印象に残ったのは、そのときふと耳に入った短い会話である。カウンターの内側にいた女性従業員が、私の隣に座っていた常連らしい六十代の男性客に「きょう、バイクで来ている？」と訊《き》いた。彼は「違う」と言う。彼女は、カウンター席に並んでいる客全員に向かって、大声で同じことを訊いたが、誰もバイクで来ていないという。私は当然、飲酒運転を注意するものとばかり思っていたら、彼女は諦めたようにこうつぶやいた。「カラスが誰かのバイクを突っついているから……」。

話があまりにも奇異だったので、私はすぐに把握できなかった――つまり、われわれが店内で焼き鳥をかじっているときに、店の前で、「鳥」が客のバイクを食べようとしているわけだ。これって、何かの因縁だろうか。

〈モツ焼き屋〉〈焼きとん・煮込み〉豚を食材とするモツ焼き屋は、鶏肉を一切扱わなくても、提灯に「焼き鳥」と記すことがめずらしくない。それを知らずに入って、騙されたと感じる客もいるかもしれない。東京近辺では、埼玉県東松山市が「焼き鳥」屋が多いことで有名で、東武東上線東松山駅周辺を中心にその店舗数は百軒を超すそうだが、「焼き鳥」と提灯に記していても、そのほとんどが豚のカシラをメインに出している「焼きとん」専門店らしい。

つまり、焼き鳥と焼きとんは混同される傾向がある。もちろん、「モツ焼き」「焼きとん」などと明記している店もよく見かけるが、いずれにせよ中央線の高円寺の小ぢんまりした人気店「**一徳**《いっとく》」のように、鶏と豚のモツを両方出す店もめずらしくない。だから、少なくとも東京近辺では、提灯や看板だけでは、扱っている肉の種類を判別しにくいのが現状である。ただし、概して言えば、焼きとん屋――とくに豚の内臓を中心とする煮込みや串焼き――の赤提灯は、焼き鳥屋よりやや大衆的な雰囲気があるという印象を受ける。また、西日本では地域によっては、牛や馬の内臓が使われるので、モツ焼き文化においてもかなりの地域差が見られる。

なぜか、焼き鳥に比べてモツ焼きにこだわる人は多いようである。そば屋の前では行列を見かけないのに、ラーメンの名店となると、片道二時間も電車に乗って、長い行列におとなしく並び、そして十五分ほどでぺろっと食べて帰るマニアがめずらしくない。同様に、いったん「モツマニア」になってしまうと、名店の前で並ぶことに対する抵抗力を失うらしい。

東京では、葛飾区立石《たていし》の「**＊宇《う》ち多《だ》**」、足立区北千住の「**大はし**」、北区東十条の「**埼玉屋**」などで、開店前からモツマニアの患者たちが、待ち遠しそうな表情を浮かべながら、当日のお薬の処方箋を待って並んでいる。客は主に中高年男性だが、スーツ姿もいれば、下町でよく見かけるラフな格好の男性もいる。たまに女性や若者が交じることもある。

モツというのは安くて滋養に富んでいるが、広く普及するまでは主として労働者が食べていたらしい。だからこそ、都内の名店は工場や町工場の多い北東部周辺――言い換えれば、下町および新下町――に集中していたのだろう（葛飾区のモツ焼きとハイボールの歴史について、「葛飾区郷土と天文の博物館」の谷口榮学芸員が数本の小論文を出している。谷口氏が、雑誌「東京人」の葛飾特集号〈二〇一二年三月増刊号〉に発表したエッセイも参考になる）。その意味で、モツ焼き屋は伝統的な大衆酒場と類似点が多い。あるいは、小規模な店舗と限定したメニューを有する大衆酒場と見なすこともできよう。

具体的にいつからかは明白でないが、モツ焼きは男性の酒呑みの間ですっかり市民権を得た。もはや東京では、「モツ焼き」と記された赤提灯が特定の地域に集中することなく、都内全域に散在している。

私は昔から豚よりも鶏の方が好きである。それでも、豚のカシラやこめかみなどは好きだし、タンやハツもたまに食べるが、内臓は苦手なのでモツ焼き屋に対するこだわりはあまりなく、とても並ぶ気は起きない（そもそもどんな飲食店であれ、並ぶこと自体がめったにない）。ただ、モツ焼き屋の庶民的な雰囲気は大好きなので、たまにその独特な「空気」を味わいにのれんをくぐることがある。

〈うなぎの串焼き〉 焼き鳥やモツ焼きと同じ串焼きでありながら、うなぎの串焼き専門店に入ったことのある人は、居酒屋愛好家でも少ないように思える。確かにめずらしいが、東京ではたまに見かける。通常のうなぎ屋と違って串焼き中心の呑み屋であり、うなぎのいろいろな部位を串で刺して焼いたり、あるいは蒸してから焼いたりする。つまみはうなぎを除けばキャベツやおしんこくらいしかないが、うなぎの部位によって味に幅があるので、物足りなく感じることはない。また、肝の苦味などが日本酒にぴったり合うから、とくに日本酒党は、いったんハマると病みつきになりやすい。近年、うなぎが高くなったとは言え、串焼きは普通の焼き鳥屋より少し高くつく程度だろう。

昔は下町に川が多く、日常生活でも河川の存在が大きかったためか、現在でも東京の東の方の赤提灯では、うなぎの肝の串焼きやどじょうのてんぷらなどを出す店がめずらしくない。ところが、どういうわけか、中央線沿線にもうなぎの串焼きを専門とする呑み屋は意外に多い。新宿歌舞伎町の「**うな鐵**《てつ》」は老舗として定評があり、中野の「**川二郎**」や、荻窪の「**川**《かわ》**勢**《せ》」も人気がある。

だが私は、さらに西の国立《くにたち》駅高架下にぽつんと立つ老舗「**＊うなちゃん**」を推したい。私にとってここは、都内のどこのうなぎの串焼き屋にも負けない。現在、三代目の店主が営んでいるが、近くのモツ焼き屋「**＊まっちゃん**」と共に、一九五七（昭和三十二）年に国立駅前の屋台から出発しており、味も店内の雰囲気も満点。国立と言えば、人間が半そでで歩き回っているのに、犬にかわいいコートを着せて散歩させるマダムがごろごろいる街である。

ところが、「うなちゃん」の小さなボロい木造の店舗に一歩でも足を踏み入れると、そういった目障りな光景が一気に吹っ飛んでしまう。「うなちゃん」では、珍味と共に、いわば「ボロの美学」が味わえる。その意味では、「文教地区」を自負する国立市のなかで、いっそう貴重な文化空間だと言えるように思う。

〈串カツ・串揚げ〉とりわけ関東では、串焼きほど広まってはいないが、串カツ専門の呑み屋も忘れてはいけない。うなぎの串焼きの本場が東京なら、串カツは何といっても大阪の新世界周辺が本拠地だろう。最近の通天閣一帯は、二、三十年前の「無法地帯」を思わせるようなアナーキーな雰囲気がだいぶ希薄になり、全体として観光地化され、おとなしくなってきたように感じる。だが、もっとワイルドだった時代に、ジャンジャン横丁の串カツ屋に入ったときの体験がいまも脳裏に焼き付いている。

店名は挙げられないが、昼過ぎにその店に入ろうとしたら、二席しか空いていないと言われた。なんだか入ってきて欲しくないような雰囲気だったが、きっと日本語が分からないと思い込んでいるだけだろうと察して、そのまま堂々と入り、空いていたひとつの席に腰をかけて注文した。それからやっと気づいたが、空いていた二席の間に——つまり、私が座っているすぐ隣に——力士かプロレスラーのようなジャージ姿の巨人が座っている。しかも、顔に切り傷があり、ずっと独り言をつぶやいている。フランケンシュタインと一緒にランチをすることになったわけだ。

おまけにソイツは、全身に強力な電流が走ったかのごとく、突然震えたり、肘《ひじ》や肩がびくっと動いたりするから、その勢いでふいに一発喰らう恐れがある。落ち着いて食べられやしない。周囲の客も、従業員も、一生懸命に彼から目をそらせている（道理で私が入店しようとしたとき、躊躇《ちゅうちょ》していたわけだ）。

私は危険な国アメリカで育ったから、日本のどこに行ってもあまり怖さを感じることはない。とは言え、さすがにこのときばかりは店を出ようかと考えたが、しばらくしたらフランキーがぎこちなく立ち上がり、先に帰ってくれた。そのとたん、空気が突然抜けたかのように店内のテンションが下がった。私はカウンターの内側に立っている店長らしき男に向かって、「おい！　オレはきょう、割引だぜ！」とふざけて言ったが、後で、大阪の友人にその話をすると、「なるほど、そいつはちょうどヤクが切れたところだな」と即座に状況を分析したのが見事だった。

さて、串カツ屋に話を戻そう。周知のとおり、大阪の串カツ屋ではキャベツが食べ放題、ソースの二度漬け禁止が基本的なルールであり、安くて分量があるだけに庶民的なイメージが強い。

意外に感じたことに、神戸にも串カツ屋が多く、とくに元町駅や新開地周辺には、昼から開いている立ち呑みの串カツ屋が点在している。ある日の早い時間から、私は新開地の「**丸**

萬」と「**高田屋**」という老舗の大衆酒場をハシゴした後、小さな立ち呑みの串カツ屋「**赤ひげ**」を覗いてみた。この「赤ひげ」は、高田屋に行く途中に通りすぎて気になっていた店である。というのも、平日の午後三時頃、しかも雨が降っているにもかかわらず、すでに何人も立ち呑みしており、店内の活気が外まで伝わってきていたからだ。

「赤ひげ」に入ってまず目についたのは、完全に泥酔したふたりの客だった。小さい店のわりには客層が幅広い——仕事帰りの作業服姿の三十前後の男の隣では、クールビズ姿の中年サラリーマンが立ち呑みしており、どちらも律儀そうな雰囲気である（そう言えば、全員がひとり客だった）。だが、彼らとは対極的に、毎日朝から呑んだくれていそうな爺さんがおり、身なりもだらしなく、ロレツもろくに回らず、しかも「立っている」というより、暴風に耐えている柳のごとく、上半身がゆらゆらしている。カウンターから手を離したらきっとパタンと倒れるに違いない。おまけに、私はソイツのすぐ隣に立つことになってしまった。どうも、関西の串カツ屋では、これが私の運命らしい。そのときは藤圭子が死んだ直後だったため、隣の問題爺はロレツがまったく回らないにもかかわらず、延々と「新宿の女」の想い出を語ろうとしていた。とにかく、神戸にも濃い店があるものだ。

しかし、雰囲気が濃い半面、串カツそのものは意外にあっさり仕上げられており（それに、野菜類の串は一本六十円、エビやホタテなどは百円と激安)、店主も人当たりが柔らかいように思えた。隣の客に当たり外れはあるが、神戸の「ディープタウン」での昼酒にぴったりの店だと言える。

最近東京では、「赤ひげ」とは対照的な、小奇麗で上品な串揚げ専門店が増えている。衣は薄く、上質の油を使い、ソースのほかに数種類の高級な塩や、ポン酢などが添えられ、串は一本一本デリケートな分量で出される。値段と言い、洒落た内装やかしこまった接客態度と言い、私にはちょっと頑張りすぎのような気がする——「ここ、串カツ屋だろ?」と思うのだ。

とは言え、東京にも関西人が認める串カツ屋はなくもない。新橋駅のガード下にある、極小の立ち呑み専門の串カツ屋「三《さん》」は、脂っこくなく、種類も多く、値段も手ごろでありながら、新橋ガード下の立ち呑み屋だけに気取っていない。四人でいっぱいになりそうなカウンター、ふたり用の立ち呑みテーブルが三台だけの小さな店だから見逃しやすいが、有名な焼き鳥屋「**羅生門**」に隣接していると言えば探しやすいだろう。「三」を教えてくれたのは、関西出身の呑み友だが、彼によると、これほど大阪の味に近い串カツ屋は東京ではめずらしいそうだ。

二〇一三年八月現在、広島駅南口に面している「愛友市場《あいゆう》」のなかに、六、七人しか入れない串揚げの立ち呑み屋「**ぱどっく**」がある（ちなみに、「串カツ」と「串揚げ」を使い分ける人がいるが、前述の「赤ひげ」の店主によると類義語である）。市場一帯が再開発されることになっており、周囲の多くの店がすでにシャッターを下ろしているが、「ぱどっく」は一三年末辺りまで営業を続け、その後移転・再開するという。店主は元気な四十代前半の男で、男女を問わずファンの常連客が多いようだ。ビールは缶しかおいてないが、串揚げはなかなか上品な味で、分厚い一枚板のカウンターが、極小の店内に風情を醸し出している。私が訪れたときは移転先は未定だったが、この人間味溢れる小ぢんまりした立ち呑み屋が、今後も長く続くことを祈っている。

〈**炉ばた焼き**〉東京で〈炉ばた焼き〉を名乗る店は、「コの字」または「ロの字」型カウンターの内側の炉の前に男が座り、魚や野菜を焼いて、長い櫂《かい》のようなしゃもじに載せて客の前まで届けるという派手なイメージがある。パフォーマンス性が強調されているわけである。

そのためか、私はこれまでの（限られた）炉ばた体験において、味や周囲の客との会話ではなく、店内の造りや炉を担当する男の動作しか覚えていない。客同士、または客と店主との活発なやり取りというよりも、一種のショーを見たような感慨である。

だからこそ、せっかく仕事で釧路に行くことになったので、ついでに「本場」の炉ばたに入ってみたいと思った。釧路は炉ばた焼き発祥の地と言われている。ただ、確かに「炉ばた」を自称している飲食店が町中にあるのに、実際に覗いてみると炉を備えている店は意外に少なく、むしろ「小料理屋」や「北海道のおばんざい屋」とでも名乗った方がしっくりくる呑み屋が多いように思えた。

もちろん、炉ばた焼きの「元祖」と言われるような有名店もある——店舗は古い民家だから風情はたっぷり。大きな分厚いコの字型カウンターの真ん中に、年季の入った炉が備えられ、腰をかけたおばあさんが黙々と魚や野菜などを焼いている。絵になる光景だが、私にとってその店の魅力はそこまで。風情が百点満点だとしたら、味はせいぜい五十点、そして接客態度はマイナス点をつけたくなるほど、偉そうで不快だった。だから、すぐに「元祖」を出て、もっと敷居の低い店を探し歩いた。

やはり、どんなに有名店であろうと、客に威張るようなら地味な店の方がよい。だから、同じく「炉ばた」を自称しながら、青森から移住した女性が営んでいる小ぢんまりした「**津軽**」に入って腰をかけた途端に、よい気分になった。客同士で気楽な会話が交わされており、女将さんも気さくなようである。また、先ほどの店とは比べものにならないほど安上がりだ——小さなL字型カウンターの上に総菜の皿が並んでいて、客は自由に好きなだけ、セルフサービスで取ることになっている。しかも、千円で食べ放題だ。

釧路で青森出身の女性が営む「津軽」という炉もない店を〈炉ばた焼き〉と呼んでいいのかはさておき、店内に立派な炉を備えている某名店よりも、「津軽」の店内の方がはるかに暖かいように感じられた。

〈**郷土料理**〉炉ばたも郷土料理の一種と言えるかもしれないが、東京で「郷土料理」と呼べる店は、東北、または長野県や新潟県の酒とつまみを中心に出す居酒屋が多いようである。「郷土料理」という言葉は、ふたつの意味合いで使われるらしい——①地元の伝統料理、②東京からある程度離れた地方が有する、特徴のある料理。②について言えば、たとえば、東京で新潟料理の店は見かけるが、山梨・群馬・茨城・栃木などの郷土料理専門の居酒屋はほとんど見かけないだろう。

また、札幌ラーメンや博多ラーメン、さぬきうどんや長崎ちゃんぽん、広島風お好み焼きなどのように、特定の地方の特定の食べ物を出す店は少なくないが、仮に〈呑み屋〉として利用できても、明らかに〈居酒屋〉とは違う。さらに、沖縄風居酒屋は全国に定着してきたが、〈郷土料理〉というよりも、前述したように〈エスニック料理〉扱いされる傾向があるだろう。

長年、「東北の玄関口」になっていた上野駅周辺には、東北各地の酒肴を出す居酒屋が密集しており、名店も少なくないが、湯島の「**岩手屋**」は風情、味、そして貫禄において突出していると思う。都内屈指の古典酒場と言ってもよい。すぐ近くにある二号店もいい居酒屋だが、本店はいっそう小ぢんまりしており、店内に格別な空気が漂っているように感じられる。しかも、雰囲気だけではない。東京にはあまり出回っていない岩手県の酒も味わえるからなおうれしい（余談だが、東北には美酒が多いのに、岩手だけは県産の酒をあまり県外に「輸出」しようとしない印象を受ける。たとえば、「鷲の尾」というしっかり系の地酒は、県内では定番なのに、蔵元が県外に出さない方針を堅持していると聞いたことがある。もちろん県内でしか見たことがない）。

〈おでん屋〉思えば、おでん屋のチェーン店はないのではないか。

確かに冬になると、コンビニの店内で「おでん」と記された赤提灯をぶら下げ、いちおうおでんらしきものを売っているようだが、そもそもあの殺伐《さつばつ》とした売店の、煌々《こうこう》と光る蛍光灯の下で、いったい誰がおでんを買いたくなるのか、私には理解できない。商店街で見かけるような持ち帰り専用のおでん屋にはチェーン店が存在するかもしれないが、それは呑み屋とは違うので本書の対象外である。

さらに、スナックも小料理屋もチェーン店がありそうにない。

これらの呑み屋がチェーン店に向かない理由はいろいろ考えられるが、概して言えばカウンター中心の小ぢんまりした空間であること、そして店主個人の性格が店内の雰囲気を大きく左右することが挙げられよう。また、スナックや小料理屋ほどではないにせよ、おでん屋には女性店主が比較的多い。女性店主には、男のように次々に姉妹店を開き、居酒屋帝国を築き上げようとする人はあまりいないように思える。おでん屋の場合、小ぢんまりした温かい雰囲気が大きな魅力であり、男性の制覇願望から作られる帝国よりも、一軒の居心地よい家庭を大事に守るという気持ちが感じられる。チェーン店の利益至上主義、規範化原理、そしてマニュアル通りの接客にはとうてい向かないだろう。

出汁《だし》にはかなりの地域差が見受けられるから、おでんも一種の郷土料理と言えるかもしれない。とりわけややこしいのは、関西ではおでんが「関東煮《かんとだき》」とよく呼ばれることであり、また、東京のおでん屋で関西風の出汁の店もめずらしくないことである（これは、池袋駅の西武デパート側の出口が東口で、東武デパート側が西口という状況に似ている）。

たとえば、モツ焼きなど濃い味で知られる葛飾区だが、京成立石駅のすぐそばにある立石仲見世《なかみせ》内の「**＊二毛作**」の出汁は、関西の味に近い。「二毛作」はごく小さい店だが、燗《かん》向きの日本酒にこだわっており、ワインも焼酎もおいしい銘柄をおいている。さしみなどつまみも豊富で旨い。しかも、商店街のなかに位置しているのに、午後二時から呑める。若いイケメンの店主にはファンが多く、最近は満員になることもめずらしくないが、行列を作らせないところがありがたい。

立石に出かけると、もう一軒、必ず行きたくなるおでん屋がある。「おでんハシゴ」など聞いたことはないが、自宅から立石まで一時間半もかかり、そう頻繁に行けないため、どうしても欲張りたくなるわけだ。その二軒目は「**＊おでんや**」という店だが、とにかくここは渋い――怪しい匂いがぷんぷんする立石のスナック街と化した「呑んべ横丁」のなかに潜んでいるから、なおさらである。おでんもおいしいし、マスターも静かながら魅力的。だが、何よりも店内の雰囲気が堪らない。やはり、よい居酒屋は「居る」だけで落ち着くものだ。

赤羽の「**＊丸健水産**」は、厳密に言えば呑み屋ではなく、商店街内の持ち帰り用おでん屋だ。店では練り物を作っている。窓口でおでんと一緒に「丸眞正宗《まるしんまさむね》」というコップ酒を買って、窓口の横に数台ある立ち呑み用のテーブルで呑むのが定番である。というのも、コップ酒を四分の三くらい呑んで、カウンターまで持って行けば、サービスでおでんの出汁を一杯に足し、七味もたっぷりかけてくれる。今度はそれを呑むわけである。不味そうに聞こえるかもしれないが、これは予想外においしく、体もよく温まる。ほかの店では見たことがないので、珍味だと言える（ちなみに、赤羽の「丸眞正宗」は東京二十三区内に唯一残っている酒蔵である）。

赤羽から二駅しか離れていない王子の「**平澤かまぼこ**」というおでん屋は、れっきとした立ち呑み屋であり、しかも午前十時から開いている。昼におでんを食べながら一杯やりたいけれども、「丸健水産」のように商店街のなかでは気が引けるという人は、ちょっと電車に乗って王子まで行けばよい。また、王子に行けば、「山田屋」というすばらしい大衆酒場があり、ここも朝から開いている（午後一時より休業し、四時には再開する）。

普通の人は、おでん屋に行くためにわざわざ電車に乗ったりしないだろう。ましてや、飛行機に乗っておでんを食べにいく人はいないはずである。私も、那覇の栄町市場《さかえまちいちば》の近くにある「**東大**」というおでん屋に入るために空を飛んだわけではない。たまたま出張で那覇に行ったついでに、地元人に「ディープ」な呑み屋があると聞いたので入ってみただけである。

十数年ほど前、私は研究のため四カ月ほど那覇に滞在したことがあり、たまたま栄町市場から徒歩五分くらいのところに住んでいた。当時、市場内には居酒屋はなく（地元の文化人が集まる名店「**うりずん**」は、いまと同じく市場に隣接していたが）、さびれた八百屋や肉屋、それにおやつとして売られている沖縄風のてんぷらの小さな売店などが並んでいるだけで、あまり活気がなかった。ところが、最近、復興の兆しを見せていると聞いたので、久々に行ってみたら、「**ボトルネック**」や「**生活の柄**」など、個性的な呑み屋が点在しているではないか。そのおかげで若者の姿も増え、市場に活気が戻りはじめているようである。

ところが、市場の周辺では、以前と変わらず、中高年の娼婦（「おばあ」と呼びたくなる女性もいる）が、あっちこっちの「旅館」や「スナック」を名乗る薄暗い店の入り口に立ち、客引きしている。いくら酒を呑みたくても、さすがに近づきたいとは思わない。そんな怪しい店が並ぶなか、ちょっと路地に入ったところに、「東大」が潜んでいる。

知らない街で居酒屋探訪をしていて危うい場所に迷い込んだとき、おでん屋というのは安全地帯、海で遭難したときの救助艇のごとくすがりたくなる。栄町の「東大」も例外ではない。出汁の味は濃く、ごっつい豚肉も入っていた。比較的薄味好みの私にとっては、おでんの味そのものよりも、店の濃い雰囲気が好みだった。那覇での短い滞在中、けっきょく二回も訪れてしまった。暗闇に包まれる怪しげな街のなかで光を放っている存在なので、店名を「灯台」と変えるように提案したい。

第三章　和風酒場の種類と特徴——屋台から割烹まで

本章では、前章で論じてきた〈赤提灯〉の定義に当てはまらない〈和風酒場〉の豊富な種類に触れながら、それぞれの特徴を考えたい。これによって読者に、〈和〉の呑み屋文化の幅広さ、そして和風酒場全般に対してよく用いられるカテゴリーを新たに認識してもらうことが、本章の狙いである。第二章と同様に、なるべく多くの地方の店を事例に挙げながら、いっそう多種多様な呑み屋を紹介しつつ考察を展開していきたい。

まず、もっとも簡易的な飲食店形式から考えよう。

〈屋台〉居酒屋の原点については、江戸時代の屋台、さらに遡って室町時代の京都の立ち呑みができる酒屋など、諸説ある。だが、江戸城を造るために石材を運ぶ荷夫が大勢集まった際、その周辺に現れた豆腐を焼いて田楽にして売り、酒も呑ませる屋台に由来するというのが定説らしい。一八世紀末になると、うなぎ、天ぷら、すし、おでん、団子、水菓子などの屋台が、江戸の盛り場の道の両脇に現れ、客に酒も呑ませていたので、これこそ現在の（少なくとも東京の）居酒屋文化の始まりだという見方もできる。

実際にいつ、どこを原点とするかはさておくにしても、こんにちの居酒屋文化を考える上で屋台の二面性は注目に値すると私は考える。すなわち、極小の規模、そして少なくとも一八世紀末から見られる品による店の細分化という側面である。

現在、呑み屋の営業形態として、屋台はほとんど見られなくなった。例外は博多（福岡市）だけではないだろうか。

博多には屋台文化が残っており、市内だけでもその数は百五十軒を超すという。加えて、全国の屋台の約四割が、福岡市内に集中しているという統計もある（西日本鉄道が運営するオンラインサイト「天神《てんじん》屋台の歩き方」に、地元屋台の歴史や屋台をめぐる法的規定などが詳しい。：http://yatai.tenjin.jp/default.php）。そして、博多のほとんどの屋台は、「夜台」と書きたくなるほど夜間営業専門になっている。そこではラーメンがもっとも人気を誇る食べ物だとは言え、酒をおいていない屋台は稀《まれ》だと思われる。

ただし近年、屋台という営業形態の稀少価値が上がったことに加え、博多の飲食文化の代表格として、メディアや地元観光業界に持てはやされたこともあり、価格がずいぶん上がったように思われる。平均価格が、それこそ通常の店舗を構えているラーメン屋や呑み屋とさほど変わらないレベルに達している屋台をよく見かける。確かに大雨や暴風などの悪天候時に休業しなければならないのは屋台の辛《つら》いところだが、本来なら店舗を構えて家賃を払っている飲食店に比べて価格が安くて当たり前のはずだから、地元客の足がどんどん遠のいているのではないかと気になる。地元住民が敬遠するようになったら、そもそも生きている地元文化とは呼べないだろう。

屋台で呑み喰いすることには特有の味わいがある（第四章を参照）から、やはり博多の屋台文化が観光客専用事業にならないことを祈る。

また、現在は屋台ではないが、屋台から出発した小さな呑み屋は、北海道から沖縄まで全国に散在している。そして、そのような店には屋台との共通点がたくさん見受けられる。

たとえば、北海道の釧路には、屋台から始まった小さな呑み屋が並ぶ「赤ちょうちん横丁」があり、なかでも「**みかさ**」という店は六人しか入らないほど狭いから、〈店〉とは言え、最近の博多の普通の屋台よりも規模が小さい。「みかさ」は、一貫百五十円の鯖寿司が名物として知られている。毎朝地元の漁港に揚がる新鮮な鯖なので、酢じめの度合いは浅い。東京の、しかもこのような横丁で生に近い鯖を出されたら躊躇するかもしれないが、「みかさ」の鯖は安全でしかも美味である。最近の東京では、釧路の「赤ちょうちん横丁」のような一角はすぐに「レトロブーム」にジャックされ、どこも観光地化してしまいがちだが、さすがに釧路では地元の常連客が中心だから落ち着いて呑める。ただし、店内は六人で満席になるだけに、入れたらラッキーぐらいに思った方がよい。

ほかの町でも祭りには露天商が出るが、日常生活において屋台が見られなくなってきたことは否めない。仮に、どこかの町で屋台を一台見かけたとしたら、おそらくその周辺には何十軒——あるいは何百軒もの「普通」の飲食店があるだろう。それほど、こんにちの日本の都市生活において屋台はめずらしい存在になってきた。

また、屋台を現在の居酒屋の前身だと見なしても、現在の屋台は必ずしも酒を出すとは限らない。つまり、焼きイモやクレープしか売らない屋台もあるから、必ずしも〈屋台〉を〈呑み屋〉とは呼べない。

〈角打ち〉〈角打ち〉とは酒屋での立ち呑みのことである。東京には比較的少ないが、酒屋が店内での立ち呑み時間を設け、つまみは乾き物と缶詰くらいしかない。とにかく激安であり、敷居がきわめて低く（ちょっと「荒い」雰囲気の店もあるが）、とりわけ関西ではもっとも安上がりの立ち呑みスタイルとして定着している。

とは言え、たまに座って呑ませてくれる角打ちも見かける。京都駅から徒歩五分くらいの小道に潜む「**森帳酒店**」が、その好例である。周囲に大きいビルやホテルがそびえるなか、創業百年を迎えるこの酒屋と真向かいにある道祖神社だけが、この周辺の風情として残っている。立ち呑みではないが、「森帳酒店」は角打ちの醍醐味を味わうのにふさわしい店だと思う。

私はまだ一回しか行っておらず、しかもたまたま土曜の夕方だったためか、あるいは駅周辺に務める会社員などが来ていなかったおかげか、何よりも店内が静かで落ち着いていることが印象的だった。テレビもＢＧＭもなく、三人の六十代後半と思われる男性客の控えめな会話のみが耳に入ってくる。彼らの落ち着いた様子から、長年の常連客であることはすぐに分かった。また、それぞれが少し離れて座っていることから察するに、別々に来ているが、おそらく店ではよく顔を合わせているのだろう。こういう常連客がいると、呑み屋は自然に落ち着いた雰囲気になる。三人とも近くに住んでいるらしく、ここにふらっと立ち寄ることが習慣になっているのだろう。酒屋とは言え、彼らにとってここはまさに〈第三の場〉に違いない。

ただし、ほかの多くの呑み屋もそうだが、曜日と時間帯によって客層も店内の雰囲気もがらりと変わることがある。いつもこれほど落ち着いているとは限らない。

「森帳酒店」は小ぢんまりした店であり、内装はきわめて素朴で渋い――くすんだ灰色のコンクリート床に対して、壁に作り付けられている木製の棚は程よく年季が入っており、温かみを醸し出している。レトロ演出として、テーブル代わりにビール瓶のケースを使うのはよく見られる手だが、「森帳酒店」ではそれが演出ではなく、きわめて自然に感じられる。台となる部分に、ぴったり面積を合わせた段ボールを丁寧にガムテープで留めているところが、何となく愛しく感じられる。

この店も何年か前までは立ち呑みだったそうだが、常連客がだんだん歳を取ってきたので店主が気を遣ってベンチを並べるようになった。しかもその上にゴザをかぶせているところに、客に対する思いやりが見受けられる。つまみは乾き物と缶詰。飲物はいろいろあるが、この日は皆、ビールか日本酒を呑んでいた。奥の部屋の冷蔵庫には良質の地酒もある。素朴な内装なのに、地酒がワイングラスで出されるのが意外だった。店主はかなり日本酒に詳しいと客に聞いた。

「森帳酒店」は京都駅のすぐ近くにあるのに、地元に深く根付いた店であり、周囲とは別の時空間に包まれているように思える。一杯やりながら、深呼吸するのにちょうどよい。これぞ、角打ちの真髄——最低の価格、最小限のもてなし、最大限の癒し。

大阪の角打ち

京都の四条烏丸《からすま》周辺にも角打ちできる酒屋が数軒あるが、大阪では角打ちは街中にあると言っても過言ではない。十三駅周辺だけでも何軒もあるが、私が入ったのは三軒だけ——東口の商店街内の「**今中酒店**」（通称「イマナカ」）、近くの路地に潜む「**中島酒店**」、そして、跨線橋《こせんきょう》の下のむき出しのコンクリートが店の天井になっている「**イバタ**」である。雰囲気も味わいも、三軒ともに違う。

「イマナカ」は客層がかなり広く、私が行ったときは中高年の女性三人を含め十八人いた。普段から店内のテレビがついているかどうかは知らないが、入ったときはちょうど夏の甲子園の高校野球が放映中で、呑みながらテレビに熱中している客も少なくなかった。つまみは、おでんのほかに焼き鳥もあるが（角打ちでは初めて見た）、何十年も前からほとんど変わっていないように映る店内は落ち着いており、いい意味で「普通の地元型の呑み屋」だと思う。「普通」というとありふれていそうだが、チェーン店が氾濫《はんらん》する現在、このような地元に根付いた古い店がますます貴重に思えてくる。ただし、十三辺りには、まだこのような店がたくさん残っている。

「中島酒店」は、最近、酒屋よりも立ち呑みがメインになり、自家製のイカの塩辛や豊富な地酒とワインのメニューが特徴のひとつである――日本酒は約二十種類、グラスワインは十二種類、泡盛も一種類ある。現在は純粋な角打ちとは呼べないかもしれないが、酒店であることには変わりなく、普通の立ち呑み屋とはまた雰囲気が違うように思う。それに、価格は角打ちでしか見られない激安さ――冷奴とビールの小瓶を一本注文した後に秋田県の「雪の茅舎《ぼうしゃ》」を一杯いただいて、会計五百七十円だった。大阪の角打ちならではのコストパフォーマンスだろう。

三軒のうち、独特の立地条件と内装を除けば、「イバタ」が一番古典的な角打ちだと言えよう――つまみは乾き物と缶詰、酒の種類もごく限られており、店内にはテレビもラジオも

BGMもない。それに女性は入店禁止である（「申し訳ないが女性はご遠慮下さい」と開店時間の案内の下に書いてある）。女将さんが店を差配しているから、この方針は男による女性差別とは言えない。単に従来の落ち着いた雰囲気を守りたいがためだろうと想像する。

東京の国立駅近くの有名なモツ焼き屋「**＊まっちゃん**」も、土曜日以外の女性の入店を断っている。夫婦で営んでいる店で、あるとき奥さんにその理由を聞いてみたところ、概して、女性客は呑むよりも喋り、また長居するからだという。確かに、平日にしか行ったことのない客が土曜に「まっちゃん」を覗いたら、唖然とするほど店内の音量とテンションが高かったという。私も一度だけ土曜に行ってみたものの、二十分も持たずに逃走したほどである。

「イバタ」で呑んでいると、〈第三の場〉にはホモソーシャルな空間が求められがちだというオルデンバーグの指摘に納得させられるものがある。角打ちの伝統を継承しながら、店内の造りが独特だからなおさら味わい深い。酒店はもともと道の反対側にあり、現在の店がある場所は倉庫に使われていたそうだが、いまの店内こそ「イバタ」の醍醐味になっていると思う。ここではどんな酒や肴が出てきてもかまわない。店内に充満する〈寂《さび》〉だけで十分に酔える。

十三の三軒のうち、「中島酒店」と「イバタ」についてはぶらぶら歩きながら自分で嗅ぎつけたが、「イマナカ」は東京で知り合ったオソロシイ呑み友「やなちゃん」に教えてもらった。兵庫県出身のやなちゃんは、現在は東京在住だが、かつては大阪にも住んでいた。そして、大阪で三千軒以上、東京でも三千軒以上の呑み屋を回っている「居酒屋探訪の化け物」である。「やなちゃんの大阪一人酒の日々」というHPに訪問した店が掲載されているが、とくに感心するのは、一軒一軒に対して簡潔ながら的確な感想が添えられていることである。しかもネットではめずらしく写真は一点もない。こういうところも私の居酒屋巡りと感覚がぴったり合う。店内や酒肴をパチパチ写してネットに載せるのは誰でもできるが、数行の文章だけでその店の核心を的確に表すことは容易でない。ネット上で庶民的な居酒屋ガイドを求めるなら、一番網羅的で頼りになるかもしれない（「やなちゃんの大阪一人酒の日々」http://www003.upp.so-net.ne.jp/yanachan/index.html を参照）。

私自身はなるべく自分の嗅覚だけで店を探すようにしているとは言え、たまに信頼できる人の推薦に頼ることがある。そのひとりがやなちゃんだ。大阪に行く前、彼に市内の角打ち文化についてメールで尋ねたら、以下のような返事があった。

大阪ではどこの町に行っても、たいてい酒屋がありそのほとんどの店で角打ちをやっている。わざわざ遠くから訪れるところではなく、近所の住人か近所に勤める人が勤め帰りにでも一杯やる場所だ。なんの気取りもないそんなお店のすべてが〃いい店〃だから絞り込めないのだ。近所に住むあるお爺さんは夕方になると毎日お店に現れる。決まってカウンターの端っこの方でコップ酒を一杯だけ飲んで帰る。それが毎日の楽しみであり生活のリズムになっている。

うん、一杯だけで潔く帰れるところがうらやましい。

角打ちは、昼からでもできる店もあるが、通常は午後四時、五時頃から酒屋が呑み屋に化ける。「呑み屋に化ける」と言っても、あくまでも酒屋であり、赤提灯とは区別されなければならないが、角打ちは立ち呑み文化のれっきとしたヴァリエーションのひとつだということは強調しておきたい。

ただし、せっかく酒屋がやっているにもかかわらず、安酒しか出さない角打ちの店が意外に多い。できるだけ安く呑もうとする客たちの要望に応えているためか、酒屋なのに酒の味にさほど興味がないためか分からないが……。そのなかでありがたい例外は、前述した十三の「中島酒店」と中津駅周辺の「**おおにし**」という酒屋である。珍酒の一升瓶がカウンター越しの冷蔵庫にずらっと並び、つまみはさしみやおでんやポテトサラダなど、角打ちにしては豊富である。この二店では多様な珍酒を安く呑めるから、とりわけ日本酒ファンにとってはありがたい（ちなみに、関西の飲食文化と街との関係については、江弘《こう》毅著の『飲み食い世界一の大阪』が参考になる）。

東京にもよい角打ちは皆無ではない。店舗が新しいからとくに風情があるとは言えないが、王子駅から徒歩二分の「**酒遊館　藤や**」は、奈良の「百楽門《ひやくらくもん》」をはじめ、比較的めずらしい美酒をおいている。ただし、一見客は一杯限りという規則に抵抗を覚える人もいるだろう。逆に、美酒揃いとは言い難いが、東京で古典的な角打ちの素朴な雰囲気を味わいたかったら、御徒町《おかちまち》の「**まきしま酒店**」がよいと思う。「まきしま」の飾り気のないストイックな姿勢は、京都の「森帳酒店」を連想させられる。やはりよい店には西も東もない。

〈**和風バー**〉最近、ワインバーを意識した〈日本酒バー〉が増えつつあるが、概して値段も敷居も高く、つまみも限られ、そしていかにも「通向け」の演出がなされている傾向がある。これを新型の〈和風酒場〉と呼ぶことはできても、雰囲気は〈赤提灯〉からは程遠い。

通常の日本酒バーはワインや焼酎などをおかず、地酒と数種類のアテしか出さないが、新潟市にはこだわりをきわめながら、例外的な店がある。醸造酒専門のしゃれたバー「**Ｊｙｏｚｏ**」は、県外でほとんど見かけない新潟産の日本酒に加え、ビールや上質のワインもいろいろ揃え、丁寧に保管してある。赤提灯のごとく気軽に立ち寄れる店とは言えないものの、静かな環境で県産の珍酒を呑み比べるのもよいかもしれない（ちなみに、市内の赤提灯「**案《か》山《か》子《し》**」や「**よもぎや**」などにも、それなりの日本酒のセレクションがあり、しかも地魚をはじめ、つまみも旨くて手ごろだから、併せて訪れるとよいと思う）。

東京の日本酒バーでは、新橋駅前ビル一号館の一階にある「**庫裏《くり》**」が気軽に入れる店である。いや、ドアなどもない立ち呑み屋なので、「入れる」という感覚ではなく、「ちょっと立ち寄る」と言った方がいい。全国から厳選された銘柄に加え、日本酒と相性のよいつまみを百円、二百円くらいでちょこっと出しているが、これまた意外に上品な味だ。殺風景な駅前ビル内という立地のためか、立ち呑みになっているおかげか、日本酒バーにしては値段も敷居も高くなく、珍酒を手ごろな値段で味見するのにお薦めできる一軒である。

京都の寺町周辺にはちょっと変わった日本酒バーがある。「**よらむ**」という店名はイスラエル人の店主の名前だが、入口および内装は京都らしく非常に渋く、古酒を含め多様な日本酒がある。しかし全国の日本酒バーのなかで、中近東料理の定番「ファラフェル」をつまみで出すのは、ここ「よらむ」だけに違いない（とは言え、豆腐なども旨い）。当然ながら日本酒バーの店主は地酒に詳しく、ヨラムさんも例外ではない。京都には「玉川」という日本酒を造っているイギリス人フィリップ・ハーパーもいるから、日本酒通はもはや日本人に限られる時代ではなくなったと言えよう。

別の意味で異色の日本酒バーは、前章で触れた佐世保の「**注連蔵**」。「**ささいずみ**」が二〇〇九年に開店した日本酒専門の立ち呑み屋である。「角打ち」を自称しているが、酒屋ではないし、新しい立ち呑み屋なので、本書では「日本酒バー」に含める（同名の焼酎専門の立ち呑み屋が近くにあるので混乱しやすく、私がその周辺の交番で道を訊いたら、間違えて焼酎専門の「注連蔵」を案内された。最近の警察官は居酒屋に疎《うと》くなっているようだ）。

日本酒専門の方の「注連蔵」の特徴は、唯一の沖縄産の日本酒「黎明」を除けば、九州の地酒しかおいていないということ。近頃、東京では佐賀県の「東一《あずまいち》」や「鍋島」、それに福岡県の「庭のうぐいす」などが人気を集めているようだが、かなりの日本酒好きの私でも、「注連蔵」を訪れるまで長崎県にも酒造場があることを知らなかった。店には長崎県の酒造場八社の十五種類の酒が揃っているほか、福岡・佐賀・大分・熊本・宮崎各県の日本酒も勢揃いしており、九州産の酒だけで約六十種類ある。しかも、一杯の値段は二百円からで、四百円の酒が多い。そのため、どんどん呑み比べたくなる客が多いせいか、以下の注意書きが壁に貼ってある。

酒は今日の労をねぎらい、明日の生気を養う為に存在します。全てのお客様に楽しく飲んで頂く為に他のお客様に迷惑をかけられた場合は**出入り禁止**と致しますので、皆様のご協力をお願い致します。（※「出入り禁止」だけが赤い字で記されている）

いくら珍酒が揃っているとは言っても、あまり欲張らないほうが無難、ですな。わが（奈良漬の）肝に銘じておこう。

さて、日本酒バーや焼酎専門のバーが増えていることは周知のとおりだが、さらに新しい趣向なのが、横浜の野毛《のげ》にある大人気の「**ホッピー仙人**」。生ホッピー専門のスタンド・バーというめずらしい形式の和風酒場である。極小の店内にぎゅうぎゅう詰めになり、賑やかに立ち呑みしている客たちの活気ぶりは大衆酒場を彷彿させるが、つまみは乾き物中心だから、日本酒バーと同様に〈新型和風バー〉と理解すべきだろう。

日本酒バーもホッピーバーも、従来の〈洋〉の空間で、〈和〉の酒類を中心に提供するという共通点が見受けられる。ただし、日本酒バーがおしゃれなワインバーを連想させるなら、野毛のホッピーバーはイギリスやアイルランドの庶民的なパブを彷彿させる。〈和風バー〉にも、多様性が表れはじめているようである。

〈**スナック**〉本書では考察の対象外になるが、スナックもれっきとした和風酒場だと言えるので、少しだけ触れよう。

〈スナック〉は、かつてバーや風俗店などが深夜営業を禁じられたときに生まれたという説がある。つまり、軽食をメニューに加え、「スナック・バー」と名乗ることによって、深夜営業の許可が得られたということらしい。真相はともあれ、「スナック」を自称する呑み屋が出現して以来、その営業形態は時代と共に大きく変容してきたことは見逃せない。はじめはビールやウイスキーなど洋酒が主流だったようだが、焼酎ブーム以降、麦や芋の焼酎のボトルキープができる店が増え、ちょっとしたつまみから本格的な食事まで、いろいろな食べ物を提供する店が出てきた。しかも、スナックと言えば、小ぢんまりとした個人経営の呑み屋がほとんどだから、赤提灯との共通点も少なくない。そう言えば、スナックが個人経営であるということは店名にも反映されているではないか——「みゆき」や「めぐみ」や「かずちゃん」など、ママさん個人の名が看板を飾る場合が多いだろう。

だが、赤提灯との類似点が見られたとしても、スナックには赤提灯にはない独特のまったりした雰囲気があることは否めない——男性客がママさんに甘えて仕事や家庭の愚痴《ぐち》を聞いてもらったり、カラオケを歌って自己陶酔したりするスナック独特のノリは、やはり赤提灯とは明らかに違う。私はそのノリが苦手なので、スナックの推薦はできない。いずれにせよ、スナックを楽しむには、ママさんとの相性が何より大切だと思われるので、各自で探すのが無難だろう。

〈小料理〉「小料理」と名乗る店をどう位置付けるか、なかなか微妙な問題である。入口に赤提灯を吊している小料理屋もよく見かけるし、値段も品書きも普通の小ぢんまりした居酒屋とほとんど変わらない場合があるから、赤提灯の一種と見なすこともできよう。

小料理屋が難しいのは、実際に覗いてみないとどんな店なのか判別しにくいところである。たとえば、「割烹」は男性の板前が店を切り盛りし、「小料理屋」は中高年の女性がごく小さなカウンターの内側に立ち、家庭料理などを小皿で出すというイメージがあるのではないだろうか。もちろん夫婦で営む小料理屋もあるが、ママさんがひとりでやっている店は、客との関係が赤提灯よりもスナックに近い場合もあるので、スナックが苦手な人は店の雰囲気をよく確かめてから入った方が賢明である。いずれにせよ、小料理屋はスナックと同様に、店選びにおいてママさんの存在が大きいため、酒肴の質や価格のみならず、ママさんとの相性に重点がおかれるだろう。

そうは言いつつも、岩手県釜石市の「呑ん兵衛横丁」内の小料理屋を二軒紹介しよう。

周知のとおり、3・11の津波で従来の長屋形式の「呑ん兵衛横丁」は完全に流されてしまい、二〇一三年九月現在、駅周辺の仮設飲食店街に移転している。朝日新聞によると、呑ん兵衛横丁の由来は「戦争で夫を亡くし、屋台で生計を立てていた女性らのため、1957年ごろに生まれた。製鉄所の塀沿いに流れるどぶ川に木を渡し、バラックづくり。間口は1・8メートル、奥行き4・5メートル。詰めても客は10人ほど。かつては三十数店が並び、橋上市場と並ぶ釜石名物だった」（朝日新聞、二〇一三年七月三日付朝刊〈岩手全県版〉）。
仮設飲食店街のなかには「小料理屋」とは呼べない店もあるが、少なくとも「**うさぎ**」はれっきとした小料理屋であり（看板には「一品料理」と書いてある）、従来のバラックでも、現在の仮設飲食店街でも、予想外に美味のつまみを出してくれる。この店の割烹着姿の美人女将を、通りがかりの酔っ払いが冷やかしでのれんの隙間から盗み見しようとすることもある。そんな男どもを、さっと追い払う女将さんの姿も「うさぎ」の味わいのひとつだと言える。

数歩先にある「**とんぼ**」は、活きのよい魚介類で知られている。店では観光客や復興工事関係者も見かけるが、昔からの常連客も少なくない。二十数年前から続いている店であり、庶民的な小料理屋として「うさぎ」とはまた別の味わいがある。

私は、〈小料理〉というジャンルに一番ぴったり合う食文化圏は関西だと感じる。出汁がよく出ているおばんざいや、おいしい絹豆腐を主としたつまみなど、考えるだけでも新幹線に飛び乗りたくなる。
関西の飲食文化を語るとき、どうしても京都と大阪の対立構造が話題の中心になり、神戸はおき去りにされがちだが、魚も地酒も旨い兵庫県だけに見逃せないと思う。とは言え、神戸ではまだ「小料理」と名乗る店には入ったことがない。その代わり、愛媛県今治市で、神戸出身の女将さんが営む小料理屋「**小玉**」に行った。そこはまさに関西風の上品なおばんざいを中心に味わえる店だった。

いまだに忘れられないのが「小玉」で食べた鯛かぶとの煮付けである。瀬戸内海のごく新鮮な鯛の頭を必要最小限の味付けで出されたのだが、一口食べたら、後は夢中で貪るばかりだった。一片も残したくない貪欲さに駆られ、黙々と箸でつつき、骨をしゃぶり、たまに感動のあまり唸《うな》っていたようである。案内してくれた地元の呑み友が隣に座っていることもすっかり忘れ、猛烈に集中して食べていた。店を出てから呑み友が「あの鯛が来てから、一言も喋らなかったよ。二、三十分も喋らなかったんじゃないか」と繰り返していたから、相当に呆《あき》れていたらしい。

瀬戸内海の新鮮な魚介類を関西の味付けで楽しめるという点で、「小玉」はめずらしい小料理屋と言えるだろう。しかも、お高くとまっておらず、値段もけっして高くなく、女将さんは品格を醸し出しており、あらゆる意味で味わい深い店である。あの鯛を思い出すだけで、口が勝手にもぐもぐ動きはじめるほど……。

〈食べ処《どころ》〉「小料理」と名乗る店がれっきとした呑み屋でもあるように、「食べ処」と見なされている飲食店も、使い様によっては居酒屋と同様にバランスよく（または悪く）呑み喰いできる。そば屋はもちろん、寿司屋やてんぷら屋、大衆食堂なども例外ではない。言うまでもなく、店によってはラーメン屋もお好み焼き屋も安い呑み屋として使えるし、また私は入ろうとは思わないが、ファミレスだってつまみながら呑めるだろう。そう考えると呑み屋が急増しているように映るから、世の中が突然おもしろく感じられたりもする。

本書では、以下の二種の食べ処だけを取り上げよう。

そば屋

午後一時半か二時頃にそば屋に入る。周囲の客たちは昼食を終えて仕事に戻ろうとしているが、コチラは板わさや焼き味噌をつまみに日本酒を注文し、悠々とちびりちびりやる。それだけでもこの上ない贅沢《ぜいたく》な気分になれる——「世の中ではみんなあくせく働いていて、かわいそうだなあ……」というちょっと嫌らしい優越感が湧いてくる。酒呑みはたまにはゆったりした昼酒も楽しみたいものだ。

そういうとき、朝から開いているばりばりの大衆酒場もよいが、落ち着いて呑みたかったらそば屋に勝る場所はない。通常の居酒屋より多少高くつくことは確かだが、よっぽどの高級店でない限り極端な差はないので、静かな昼酒には最適の呑み屋だと言える（ただし、昼呑みを嫌がられない店を選ばなければならないし、そば屋だから控えめにふるまうのも常識である）。

呑み屋としてのそば屋には、注意すべき特徴がひとつある――ひとり酒でも、テーブル席を独占することになりがちだということだ。確かに、カウンター席のない（または少ない）大衆酒場でも、ひとり客がテーブルに座ることはあるが、通常は合席になるはずだ。普通の居酒屋や寿司屋などでは、ひとり客はカウンター席に案内されるが、カウンターのあるそば屋は少ないので、ひとり客でもテーブル席を占有することになるわけだ。

最後にそば、またはそばがきなどのいわゆる「食事物」で〆るつもりでも、テーブルをゆっくり独占する以上、せめて昼食の混雑時を避けて入るのが礼儀だろう。

もしそば屋のテーブルでのひとり呑みを寂しく感じるなら、ふたりで楽しめばよい。だが、三人以上だと場違いな感じがするし、とりわけ静寂なそば屋でのひとり酒には格別の味わいがあるから、一度試すことをお勧めする。

私は居酒屋探訪のためならどこまでも出かけるのに、そば屋はなぜか地元以外ではほとんど行かない。唯一の例外は、吉祥寺の成蹊大学近くにある「＊清田」（のれん分けするまでは「中清《なかせい》」と名乗っていた）。いまは別の街で暮らしているが、以前何度か成蹊大に短期滞在したため、何となく「清田」の地元客だという気持ちが抜けず、たまに電車に乗って出かけることがある。いい赤提灯と同様に、「清田」は気取っていない。しかも、吉祥寺の飲食店ではあまり見られなくなった地元に根付いた家族経営の店（店主ご一家は、いまでも店の二階に住んでいる）だから、いっそう大事にしたくなる。店の雰囲気は普通の街角のそば屋だが、そばは手打ち。いつも数種類のそばを用意し、産地は日によって変わる。私はそばの「通」ではないが、「清田」のそばはかなり旨いと思う。酒のアテもそこそこあるが、何より、いつも違う珍酒が何本も入荷していることがうれしい。

近年の吉祥寺は低年齢化が進み、ずいぶん騒がしくなったとは言え、そば屋に関してはまだほかにもおいしい店はあり、探せば静かな飲食店も見つけられるだろう。だが、「清田」のように、店主たちが店の二階に住んでいる地味な店はずいぶん減ってきた。そのことだけを考えても、たまに電車に乗って応援しに行きたくなる。

寿司屋

東京の旨い寿司屋で、地酒のアテにさしみをゆっくりつまんでから、お好みで握ってもらうと、かなり高くつくことを覚悟しなければならない。だから、東京で寿司屋に入るときは、ランチのにぎりセットにお茶で済ますことが多い。

ところが、仕事の出張などで魚の旨い地方都市に行くと、連日のように寿司屋に入ることがある。たとえば、金沢では回転寿司でも驚くほどレベルの高い店が多く、しかも地元人によると「ベルト上の皿は広告のようなもので、回転寿司でも好みで握ってもらうのが常識だ」。東京の寿司通から見れば、金沢の寿司屋のシャリは物足りなく感じるかもしれない。だが、能登半島近海の地魚のさしみはあまりにもすばらしく、しかもガスエビなど、「足が短い」(=すぐに劣化する) ために東京ではお目にかかれないネタが食べられる。さらに、金沢の寿司屋はどこでも石川県や富山県の地酒を数種類おいているから、さしみと地酒だけでも、手ごろな値段で豪華なひとときを過ごせる。

東日本大震災以降、私は年に数回、調査のために三陸沿岸部を訪れているが、気仙沼市では仮設商店街に移転した「**あさひ鮨**」、宮古市では「**よし寿司**」に、少なくとも一日に一度は行くようにしている。二店とも地元の知人に教えてもらったが、いずれも後で有名店だということを知った。そして、ひと口食べただけで納得させられた。

東京で寿司屋を敬遠したくなるのは、価格のためだけではない。酒のセレクションがお粗末に感じられる店が、意外に多いからでもある。大衆酒場や安い寿司屋なら気にならないが、味自慢の高めの寿司屋に対しては、文句のひとつも言いたくなる――「あれほどネタやシャリの味にこだわっているのだから、そして、あれほどわが銭を巻き上げるのだから、せめてマトモな地酒を三、四種類くらいおいてくれ！」と。ところが、石川県や新潟県はもちろんのこと、東北地方もどこの地域にも地元の旨い酒があるので、日本酒党は寿司屋だからと言って酒で我慢を強いられる必要はない（偶然ながら気仙沼の「あさひ鮨」にも、宮古の「よし寿司」にも、それぞれの地元産の「男山」という日本酒がおいてある）。

初めて「よし寿司」に入ったとき、当日の品書きを指しながら「きょう、ここの漁港から揚がったものは？」と訊いたら、「全部」と答えが返ってきたのをよく覚えている。味は銀座の高級な寿司屋にも負けないと感じられるのに、さしみと地酒を思う存分頼み、最後ににぎりをお好みで〆ても、支払い額は東京のちょっといい居酒屋と変わらなかった。東京住まいの魚と地酒のファンには、このような寿司屋は最高の呑み屋に感じられるに違いない。

〈**大衆食堂**〉しかし、しょっちゅうそば屋で昼酒を嗜んだり、日本海や三陸地方の寿司屋に出かけたりするわけにはいかない。私は、どうしても昼酒が呑みたい、または夜に居酒屋とはちょっと違う環境で呑みたい思ったとき、大衆食堂に入ることもある。東京には、何時であろうと酒を呑ませてくれる食堂がまだまだ残っており、何よりもそば屋や寿司屋に比べて懐に優しい。

大衆食堂は大衆酒場と同様に、下町や工場が近い街に多い。浅草の「**水口**」、町屋の「**ときわ食堂**」、そして立石の「**あおば**」がその数例である。また、築地の魚市場周辺にも「呑める食堂」が数軒あり、仕事を終えたばかりの男たちが朝から酒を呑んでいるのをよく見かける。競馬場・競艇場・競輪場周辺の「おけら街道」にも、呑み屋の間に大衆食堂があり、メニューの「カツ」を「勝」に書き換えていたりする（カビが生えた洒落《しやれ》とは言え、場内に入る前ならまだ笑えるかもしれない）。

立地はどこであろうと、「食堂」や「定食屋」を自称していようと、呑んでいる客にとっては、けっきょく「呑み屋」である。当然のことながら、酒を呑まずに普通に定食を食べに来る客もいる。どちらも歓迎されるところは（たいていの）居酒屋とは違うし、またその違いこそ大衆食堂のおもしろみのひとつだと思う。

とりわけ下町にあるような大衆食堂では、定食を食べている親子のすぐ隣のテーブルに、競馬新聞を凝視しながらハムカツをつまみに酎ハイを呑んでいる男もいたりするわけだから、通常の呑み屋に比べて客層は幅広い。各自がマイペースで別々の世界を占めている。そのように重層的な時空間で成り立っているところが、大衆食堂の魅力のひとつだと思う。多様な客を受け入れ、それぞれのニーズに応える柔軟性および寛容性が、大衆食堂の特徴だというわけである。

地方都市にもこのような「呑める食堂」が見受けられる。

たとえば、広島駅から大州《おおず》通りを渡ってちょっと横道に入ると、小さな呑み屋が並ぶなかに「**大衆食堂　源蔵**」という店がある。「源蔵」は一九四五（昭和二十）年に闇市から始まり、四十代のいまの店主が三代目。地元に根付いた家族経営の大衆食堂だ。小鰯やツブ貝や鯛など、瀬戸内海の魚をいろいろ出し、さしみも塩焼きも煮物もフライや天ぷらもあり、広島の地酒では「雨後の月」や「福美人」などがある。接客は主にふたりの熟練した女性従業員が担当しており、店主は奥の厨房で料理を作っている。彼もたまに客席に現れるが、意外にファンキーな感じで、東京の中央線辺りで見かけても様になるような風貌である。店主も従業員も、声をかけるとみんな気持ちよく応じてくれるし、落ち着いている。どこの街であろうと、長年地道に営業してきた店には特別な気楽さと落ち着きが感じられる。

概して言えば、大衆食堂にはカウンターが設置されておらず、ひとり客でもテーブル席に座ることになり、大衆酒場と同様に混んでくると合席になることが多い。つまり、「大衆」ゆえに専有できる部分が減るわけだ。

「源蔵」も例外ではない。テーブルはだいたい六人用と広めであり、全部で約五十人が座れる。私が訪れた真夏の平日の一時過ぎには、たまたまほかに客が六人しかおらず、ひとりなのにその広々としたテーブルを独占できた。

店は午前九時半から営業しており、早い時間帯には近くの市場で仕事を終えた人たちも食べに、または呑みにくるらしい。私が立ち寄ったときには、すでにサラリーマンらしきひとり客がボトルキープの焼酎をちびちび呑んでいたし、別のテーブルではクールビズ姿の男性ふたりがちょうど生ビールのお代わりを注文していた。つまり、食堂とは言え、朝呑み・昼呑みが常態化しているわけだ。だが、騒いだり乱れたりするような客はまったくおらず、みんなマイペースで別々にやっている。

〈大衆食堂〉と〈大衆酒場〉とは似ている側面もあるが、いくつかの相違点にも着目すべきだと思う。

まず、普通の大衆食堂では、ひとり客が合席になったとしても、以前からの知り合いでもない限り、周囲の客と会話を交わすことはあまりないように思える。テレビがついている光景は大衆酒場でもよく見かけるが、加えて「源蔵」では、スポーツ新聞があっちこっちの卓上に散らばっている。これも酒場ではあまり見かけない光景だろう。やはり、大衆食堂の方が場の使い方が比較的自由であり、時間の流れも緩い。客によっては呑み屋だったり定食屋だったり、あるいは喫茶店のように注文してからゆっくりくつろぐための場所だったりする。そう考えると、「源蔵」のような大衆食堂は、一種の〈多目的ホール〉と見なしてもよいかもしれない。

〈割烹〉 小料理屋に比べ、割烹は判別しやすい。まず、「割烹」と名乗るのが普通である。店先に提灯をぶら下げているとしたら、割烹は赤ではなく白い提灯を使うことが多い印象がある。一般的に、普通の赤提灯に比べ敷居も値段も高く、それが店の外側からでも一目瞭然である。また、高級感を表すのにきれいな上質の縄のれんを用いる。布のれんの場合は定番の紺色の代わりに白色やくすんだ渋い色のものが多く、しかも生地には明らかに高級な素材が使われている。「当店は何においても品質と品格にこだわっておりますので、ふさわしいお客様のみに入店していただきたい」と言わんばかりの態である。

店内は小奇麗で、照明は柔らかいが明るく、健全な雰囲気を醸し出している。カウンターの内側では、ピシッとした白い調理服を身に着けた板前が背筋を伸ばし、入店する客を歓迎する。彼はさしみや一品料理などをこしらえ、のれんで仕切られた奥の厨房では、別の店員が焼き物や天ぷらなど火を使う料理を作っている。

内装や外装に金をかけているのみならず、割烹は原則として既製の料理は一切使わず、また一品一品、相当に手の込んだ料理をこしらえるだけに、値段もそれなりに張る。赤提灯に比べ、カウンターの客席は間隔が広く、ゆったり座れるようになっているから、いっそう高級感が醸し出される。さらに、座敷や、ふすまで仕切られている個室がある店もめずらしくない。合席や、詰めて座らなければならないような〈共有〉部分の多い大衆酒場とは対照的に、〈私有〉の味わいに重点がおかれるのが割烹の特徴のひとつだと言えよう。

以上は、私の限られた割烹体験を踏まえた印象論にすぎない。ところが、割烹のなかには、やや高めの居酒屋とさほど値段が変わらないのに、大変美味の酒とつまみを丁寧に出してくれる店もある。しかも接客姿勢も意外に気さくだから、懐に多少余裕があり、落ち着いた環境で一流の板前でなければ作れない料理を味わいたいとき、ごくたまにではあるが、割烹に入りたくなることもある。あるいは、ちゃんとしたコース料理をランチに出す割烹に行くという手もある。

金沢には、寿司屋と並び割烹も多いが、「**かむら**」のように夜の仕込みをしながらランチをコースで提供する店もある。市内のディープな安酒場のカウンターで知り合った地元出身の常連客が、木倉町《きぐらまち》通りのこの割烹を推薦してくれたので、さっそく翌日に行ってみた。千円、千五百円、そして二千五百円のコースがある。ビールを一本注文し、呑みながら料理を待つ。出されたものは、味と言い、見た目と言い、量と言い、期待していたランチをはるかに上回るものだった。ランチで利用する客が少ないのか、たまたま私が行った日が異常だったのか、ほかに客がひとりもいなかったおかげで、気さくな店主ご夫婦と雑談もでき、ゆったりした贅沢な時間を過ごせた。

また、割烹なのに、夕方に行ってもまったく自意識過剰にさせられない店もある。今治市の「洋《よう》」はその好例。四、五千円で、瀬戸内海の魚介類を中心とする絶品の料理にめずらしい地酒まで堪能できるので、行く度に感動を新たにさせられる。手の込んだ旬の美味の料理は確かに割烹ならではだが、それを除けば「洋」では割烹にいる気がまったくしないから、いっそう感動させられる。少なくとも、厨房のすぐ横にある七人用の分厚い木のカウンター席に座っていると、「店」というよりも誰かの「家」で食事をしているような感慨が湧いてくる。

それもそうだろう——ここは実際に小さな川に面した一戸建ての家であり、店を営んでいるご夫婦がいまも二階に住んでいるのである。古い商店街に近いものの、周囲にも住宅が並んでおり、店の看板も非常に地味で目立たないから、つい見逃してしまう。割烹の世界では、目立たないということはむしろ「知る人ぞ知る」高級店のしるしかもしれないが、「洋」は穴場でありながら、恐れ入るような気持ちで入る必要はまったくない。東京では味わえない料理と酒を、のんびりした温かい雰囲気でいただけるわけだから、割烹というのも気楽な呑み屋になりうるものだと改めて知らされる良店である。

今治はともかく、京都の割烹はさすがに敷居が高そうなので、紹介がないとなかなか入れないだろう。だが、後述する京都の「ざんぐり」で知り合った食通・日本酒通に「もし、三千五百円でちゃんとした会席料理を出す割烹があっても、行かないというのか！」と挑発されたら、やはり好奇心が湧き、さっそく店に予約を入れてもらい、翌々日に出かけることになった（後で知った雑学だが、「懐石」とは茶会で出す料理を指し、「会席」は酒と一緒に食べる料理を指す。少なくとも京都では使い分ける店が多いらしい）。

推薦された「紫《ゆかり》」は、案の定、店内が大変きれいで上品だったので少しばかり緊張したが、繁華街から離れた、西陣近くの古い庶民的な商店街に立地していることもあり、予想外に地元の常連客が気楽に呑みに来ていた。真夏の猛暑日だったとは言え、半ズボンやジーパン姿で現れた客が、普通の居酒屋と同じようなノリで呑んでいたので、私の緊張感は早くも薄れ、そのうち隣の若い客と気楽に会話を交わすに至った（彼は月に一度、奥さんと一緒に呑みに来るそうだが、その日はひとりでふらっと立ち寄り、なんとポテトサラダをつまみに珍味の日本酒を呑んでいた）。「紫」の料理も酒も申し分ないものばかりであり（ポテサラは味見していないが）、接客姿勢は大変丁寧だが、気取った感じはない。けっきょく、そのときの私の短い京都滞在の「最後の晩餐」にふさわしい豪華な夜を過ごすことができた。しかも、豪華なわりに、お代も東京のちょっと高級な居酒屋とさほど変わらない。新大宮商店街ならではの、貴重な「ローカル割烹」というべきだろう。

*

前章と本章では、赤提灯をはじめとする多様な〈呑める店〉を見てきた。

このように〈和〉の呑み屋文化を概観すると、やはり〈細分化現象〉が目につき、酒場のみならず日本の飲食文化全般が、多種多様なカテゴリーに分類された上で成り立っていることが明らかだろう。しかも、その分類法は外部の評論家や研究者が押し付けたものではなく、飲食店を営んでいる方々および客たちによってできあがり、長年にわたり継承されてきたものである。

もちろん、はっきり分けられない場合も多々あるし、あまりにもカテゴリーに固執すると、むしろ盲点が生じることもあるだろう。それでも、ここまで論じてきたように、日本の呑み屋文化を分類してカテゴリー別に考察することによって、それぞれのカテゴリーの店の特徴がいっそう浮かび上がり、全体の構造も多少見えてくると私は考える。そこから、とりわけ高級店であればあるほど〈私有化〉の傾向が強く見られ、逆に大衆的な店であればあるほど、店内の空間からおしぼりやトイレに至るまで、〈共有化〉の方針が飲食体験の基盤となる傾向がある、という持論を提示した。

ここまでかなり抽象論が続いたので、以下の章ではなるべく細かく、かつ具体的に居酒屋という〈場〉を観察しながら、その文化的な意義や社会的な貢献について明らかにしたい。

第四章　〈地〉の味わい――街から店を捉える

街らしさvs.異空間

店は街に位置している。なので当然といえば当然のことだが、〈店〉と〈街〉との関係によって居酒屋の味わいがずいぶん変わることがある。

一方では、その街ならではの居酒屋がある――ステレオタイプの例を挙げれば、東京の下町のモツ焼き屋や大阪ミナミの串カツ屋、博多の屋台や釧路の炉ばた焼き、あるいは京都や金沢の割烹など。一軒の店を通して、その街の雰囲気を感じ取れることもある。

他方では、「えっ?!　この街に、こんなところがあったんだ!」と思わせる異空間の店や呑み屋街がある。前述した新橋駅前ビル地下の路地裏のような呑み屋街や、おしゃれなデパートから数歩しか離れていない、大阪梅田地下街の小汚い串カツ専門の立ち呑み屋などが好例である。

京都の異空間

京都には洗練された飲食店がやたらに多く、東京や大阪に比べて庶民的な店は少ないと言える。しかし、洗練された渋い店が散在しているからこそ、四条河原町周辺の「四富会館《よんとみ》」と七条の「リド飲食街」が余計に異空間に映る――どちらも戦後初期の薄暗い長屋内にあった呑み屋街の雰囲気が残り、周囲の街とは一線を画しているから、入るだけでも冒険心が刺激される。

私が四富会館を「発見」したのは、二〇〇七年九月、京都に移住してすぐのことだった。研究のために一年間、京都に滞在することになっていたが、引っ越して二週間も経たないうちに暇な呑み友が東京から遊びに来たので、ふたりでぶらぶら街を歩きまわった。すると、四条通りから富小路《とみのこうじ》をちょっと上がったところで、怪しげな二階建ての木造の建物が目に留まった。入口には飲食店の名前がずらっと並んでいたから、近づいて覗き込んだ。館内は薄暗く、ひっそりしている。呑み屋が開いていていてもおかしくない時間なのに、照明が消えたスナックのような店が多い。そんななか、入口近くの「**ざんぐり　焼き魚バー**」という店が開いていそうだったので、入らずにはいられなくなった――「焼き魚バー?! 何、それ? 聞いたことないな」と言い合いながら店内へ。

詰めても五人しか座れない極狭の店だった。膝がカウンター下にぶつかり、背中が後ろのガラス戸にかかり、半畳くらいしかない厨房に立っている大柄な店主は、カウンターを挟んで座っている我々と睨めっこしているような状態である。だだっ広い野原を歩いていたのに、突然、潜水艦のなかに詰め込まれたような感慨で、店内の異空間に慣れるのに多少時間がかかった。

店主は体が大きく、最初は威圧感もあったが、優しい口調で我々を迎えてくれた。ファンキーな手作り感溢れる内装は可愛げもあり、徐々に心地よいものに包まれているように感じられてきた。新宿ゴールデン街のバーをさらに狭くしたような雰囲気だが、ほかに客はおらず、館内は依然として静まり返っている。

本当に驚いたのはそれからである。品書きに単品メニューはなく、「八寸」(九百五十円)、「軽くお任せコース」(二千円)、そして「しっかりお任せコース」(三千円、要予約)しか書いていない。当時の私には「八寸」が何なのか分かっていなかったし、まさかこんなところで「予約」するような料理が出てくるわけがないと怪しんだが、とりあえず「八寸」と日本酒を注文した。ようやく現れたのは、料亭か高級割烹のごとく、漆《うるし》の盆に盛られた、色も形もきめ細かく美しい料理だった。ひと口食べたら、さらに驚愕《きようがく》した――こんな古びた「四富会館」で、こんな小さくてファンキーな「焼き魚バー」で、あの大きな体の店主が、これほど繊細な味の料理を出すとは！　きっと全国を探し歩いても、似たような店は見つけられないだろう。しかも、千円もしないではないか！　「これぞ、穴場!!」と叫びたくなるほど興奮したことを、いまも鮮烈に覚えている。

当時は、「四富会館」も「ざんぐり」も、まだタウン誌やネットなどで取り上げられる前だったし、開店してからの日も浅かったので、偶然ながら本当に我々が発見したという気持ちでいた。それから一年間、何度も通い、店主と親しくなるにつれて分かったことだが、彼は岐阜県の高校を卒業してから板前の修業のために京都に移住し、約二十年間市内の料亭の厨房で経験を積んでから、独立して「ざんぐり」を開いたそうだ。そう聞くと、あの料理の質自体は驚きに値しないかもしれない。しかし、店舗と言い、立地と言い、そして周囲の街との極端な違いと言い、いまでも全国でもっとも異色な居酒屋のひとつだと思う。ただし、いつまでもあの価格で、ごく少数の客を相手に店を続けられるか、やや心配ではある。

「ざんぐり」を出て、暗い通路のすぐ向かい側にある「**亀亀**」は、野菜から魚介類まで二十品以上の単品を天ぷらで出す、自称「天婦羅バー」である。「ざんぐり」に比べて店内は明るく広い（「ざんぐり」より狭い店はなかなか想像し難い）。酒もいろいろおいてあり、やはり独自の雰囲気を醸し出している。

「ざんぐり」も「亀亀」も京都在住の頃からのなじみだが、京都駅から徒歩圏内にある七条の「リド飲食街」を初めて訪れたのは、本書執筆中の二〇一三年のことだった。その時点で「四富会館」も「リド飲食街」もメディアの注目を集めはじめており、従来の怪しげな雰囲気はある程度薄まっていたと言えよう。

リドのなかでは「**じじばば**」という店が、若い女性やカップルなどで賑わっていた。いわば「穴場」から大人気店に変容したようである。メキシコ風の小皿料理を含め和洋折衷の旨いつまみを出しているので、本書で言う「居酒屋」には当てはまらないかもしれないが、つまみは独創的でおいしく、店主も気持ちよく、カウンターしかないが十分にくつろげる店である。

神楽坂の異空間

東京で京都の雰囲気を少しでも彷彿させる街並みを探すなら、神楽坂がもっとも近いだろう。神楽坂も〈和〉・〈洋〉を問わず、洗練された高級志向の飲食店が密集しており、裏道に入れば風情ある建物も多少残っている。だから神楽坂に「**加賀屋**」があると聞いたとき、何となく意外に感じられた。そして実際に行ってみたら、やはり神楽坂のイメージとは別世界であった。

概して言えば、「加賀屋」は〈大衆酒場〉の部類に入る――普通の赤提灯よりも安く、店内は広く、ホッピーや煮込みをはじめ、酒もつまみも大衆酒場の定番メニューがおおよそ揃っている。東京に数十店舗もあるからチェーン店だと思われがちだが、神楽坂店の店主によると、神楽坂店は個人経営であり、店主の両親が経営している早稲田の「加賀屋」も、都内の同名の居酒屋の約半分も、同じく個人経営だという。チェーン店やフランチャイズというよりも、「のれん分け」の個人経営の大衆酒場と見なせるだろう。

神楽坂店は、駅からやや離れた裏道にあるという立地条件もよいが、何よりも店内の雰囲気と客層の幅広さに感心した。カウンターよりもテーブル席が中心だが、入口のそばに、主にひとり客用の小さなカウンターがあり、開店の夕方五時過ぎには常連客の姿が見られる。

ステレオタイプの神楽坂のイメージを思い浮かべながら、カウンターに居並ぶオジサンたちを見ていると、「タイムスリップ」ではなく「場違い」のように感じる——ここは神楽坂ではなく、船橋か川崎の競馬場近くの呑み屋ではないか、との錯覚を覚えるほど「人種」が違うというわけだ。それもこの店の魅力になっている。

たまには「神楽坂らしい」渋くて美味の店に入るのもよいが、神楽坂の「加賀屋」のごとく、〈店〉と〈街〉のイメージ（＝ステレオタイプ？）が見事にズレる体験もなかなか味わい深い。

札幌の異空間

京都や神楽坂の街並みと対照的なのは札幌だと言える。少なくとも繁華街には、風情ある一戸建ての居酒屋はごく稀にしかなく、土地代がもっと高い東京の中心地の方がむしろ多いように思える。確かに、ススキノの「**たかさごや**」のように独自の店舗を構えている居酒屋は皆無ではない。「たかさごや」は非常に落ち着いた居心地のよい店だが、周辺の多くの居酒屋は、何ひとつ特徴のないビルのなかに入っているため、わざわざエレベーターに乗ってその階に行ってみないと店内の様子が分からず、「ぶらぶらの居酒屋探訪」にはあまり向かない街だと言える。

ただし、殺風景なビルのなかに潜んでいるからこそ、異空間の側面が際立つ店もある。ススキノの焼き鳥屋「**金富士**」（本店）がその好例だろう。路地裏の独立した店舗なら、味も雰囲気もよくてもさほど驚かないが、何せ「金富士」のビルにはキャバクラだの、ホストクラブだの、派手な風俗店ばかりが密集しているから、いっそうおもしろく感じられるわけだ。

対照的に、同じススキノにありながら、「**てっちゃん**」という居酒屋はまったく怪しくない、ごく普通のビルの七階にある。店の名物は巨大なさしみの舟盛りである。圧倒的な分量なのに激安だから、「舟」が沈没するのではないかと心配したくなる。

しかし、タイタニック並みの大規模な舟盛りより驚かされるのは、店内にごちゃごちゃと飾られているフィギュアやお面、レトロなおもちゃやブロマイドなどである。壁一面のみならず、天井の隅々にまでびっちり詰め込まれており、おそらく一万点以上の小物が店内に埋め込まれていると想像される。トイレに入っても、マスコットが何百体も待ち構えているから、ひとりで用を足している気分にはなれない。私にはそのようなオタク趣味はないから、失礼ながら「てっちゃん」にあまり長居する気は湧かなかったが、目立たないビルのなかに、あれほどの異世界が潜んでいることには、さすがに感心させられた。

札幌の場合、街の〈異空間〉を通してこそ〈街らしさ〉を確認できる、と考えるべきかもしれない。

屋台の味わい

現在、全国で屋台がもっとも盛んな街は博多だろう。中洲辺りは主に観光客相手の店が多く、天神辺りでも観光客の比重が高いようだが、遅い時間には地元の常連客の姿も見られる。市内で屋台が集中している地区のなかでは、長浜鮮魚市場として知られる長浜周辺が、観光客の姿も見られるものの、相対的に地元の常連客が多いようである。

屋台というと、明るい表通りよりも、薄暗い路地や横丁でぽつんと赤提灯をぶら下げて客を待ち構えているようなイメージが強いのではないだろうか。だが、現在の博多では、渡辺通りのような大通りにも屋台がずらっと並んでいる。しかも、残暑厳しい九州の夜の十二時頃でも、どの店も賑わっている。

客が最大限入るように、博多の屋台のカウンターはまるで花びらのように三方に開き、店の面積がかなり拡張される。「店内」をよく見ると、高品質の木材を使っているところもめずらしくなく、裸電球で照明も控えめだから温かみが醸し出される。博多では屋台がめずらしくないとは言え、依然として周囲に対して異空間のように浮かび上がり、夜の街に静かな祝祭性を加えている。だからこそ、裏通りの駐車場で、小さく折りたたまれ生気を失った屋台がずらっと並んでいる光景を目の当たりにすると、異様に映り、寂しくも感じるわけである。

それは博多の屋台を二軒ハシゴした翌朝のことだった。天神の渡辺通りから川の支流に沿って、車一台がギリギリ通れるほどの狭い道を歩いていたら左手に駐車場があった。片方には車が六、七台駐車していたが、反対側には折りたたまれた屋台が十台ほど並んでいた。屋台の看板のなかには、前夜見かけた店名がいくつもあり、一瞬戸惑い、目をそらしたい衝動に駆られた。化粧をした顔しか知らなかった女性のスッピンをふいに見かけたときのような気持ちである。

屋台で呑んだり食べたりしていると、やや興奮しながらも落ち着いているような、まことに妙な感慨に耽《ふけ》ってしまう。その不思議なバランス感覚は、小ぢんまりした店の規模や、屋台の構造そのもの、そして周辺の街との関係も影響しているはずである。後述する闇市由来の小ぢんまりした呑み屋にも共通することだが、屋台は境界線がかなり曖昧であり、だからこそ相反するような要素が混在しているように感じられるのだと思う。

たとえば屋台は、店の〈内〉と〈外〉が普通の飲食店ほど自明ではない。具体的に店内がどこで終わり、店外がどこから始まるのか定かではないし、またそのこと自体が、一種の解放感を客たちに与える。言い換えれば、〈店〉と〈街〉を隔てる壁もドアも窓もないから、常連客が通りすがりに、足を止めて店主や顔見知りの常連客とちょっと会話を交わすことがある。普通の居酒屋の場合、表を通った人が店内の知人に気づいても、手は振るかもしれないが、注文するつもりもないのに店内に入って立ち話をするようなことは考えにくいだろう。ところが、屋台のオープンな構造が、そのような気楽な交流を可能にしているだけでなく、むしろ誘発しているようにも思える。

また、五感で味わうのが居酒屋ならば、そのことをいっそう痛感させられるのが屋台だと言える。

天神の「宗」は、渡辺通り沿いの屋台である。私が入ったのは夜の十一時過ぎ。腰を下ろすと、わずか二、三メートルのところにある車道を車がびゅんびゅん飛ばしていく。背後からは歩行者たちの会話や、油に飢えているかのような自転車のギアのカチャカチャという音が聞こえてくる。見上げると満月が柔らかい光を夜空に放っている。しばらくその光景に引き込まれていたら、隣の客に出されたラーメンの匂いで我に返り、焼酎でふたたび喉を潤す。横に目をやると、ベンチの端っこに座っている客の数十センチばかり後ろに一本の木が立っていることに気づく。コンクリートのビルが林立しているなかで、その木が屋台専用の借景のように映る——。

このように屋台は、「店内」と「店外」——言い換えれば〈店〉と〈街〉、そして〈自然〉——を隔てる壁がないゆえに、いくつもの違う次元の世界を結びつけてくれる。どんなに旨い博多ラーメンを出されても、この味わいにはかなわないだろう。

闇市由来の呑み屋

戦後初期の闇市の呑み屋と言えば、主に屋台、またはトタンなどあり合わせの安物の建築材で作られた、バラックのような極小の仮設店舗だったようである。当然ながら、「店」はひとりで営まれ、立ち呑み形式が多かった。現在の赤提灯は、ある程度、闇市時代の呑み屋に由来すると言えるだろう。注意して見ると、路地に潜んでいる極小の店のなかに、いまだに闇市の香ばしい匂いが漂う呑み屋がある。店主がひとり、あるいはせいぜい従業員とふたりで、カウンターのみの店内を切り盛りしている。

さすがに屋台やバラックのまま残っている店は少ないが、店舗を構えていながらも「店内」は屋台同様、表に壁もドアもなく、閉店の時間になるとシャッターを下ろすのみ。仮に薄っぺらいガラス戸があっても、路地からカウンターで呑んでいる客たちまではせいぜい二、三歩しか離れていない。また、店は飾り気のかけらもなく、あまり清潔とも言えない——コンクリートの床に丸いパイプ椅子が並び、狭いカウンターと壁にはチャチな木材や合板が使われ、壁に所狭しと貼られた手書きの品書きの短冊は、ほこりと油の膜に覆われたまま何年も取り換えられていない。目を凝らせば、部分的にトタンが使われているところも見つかるかもしれない。トイレは路地からちょっと離れた場所にある公衆便所。

このように描写すると、入るのを躊躇したくなるかもしれないが、屋台と同様に、闇市由来の店には独特な味わいがある。どちらも一種の「ストリート・カルチャー」と理解すべきだと思う——〈店〉が〈街〉を締め出そうとするのではなく、積極的に〈街〉を受け入れて溶け込もうとしているかのようにも感じられる。

東京では、有楽町や新橋のガード下や、新宿西口の通称「しょんべん横丁」（思い出横丁）、上野のアメ横から御徒町駅までの一帯、そして吉祥寺のハモニカ横丁などが闇市由来の一角として有名であり、それぞれ独自の雰囲気がある。中央線西荻窪駅南口の焼き鳥屋「戎《えびす》」の周辺や、武蔵小山駅周辺の雑然とした路地の呑み屋街などにも闇市の匂いがまだ漂っており、横浜の野毛周辺にはさらに匂いの濃いところがある。大阪には天満や通天閣辺りをはじめ、戦後初期の空気を感じさせる一角が散在している。金沢の新天地《しんてんち》の奥まったバラック呑み屋街にも、戦後初期の空気が漂っているように思える。

前述した新橋駅前ビル一号館および二号館の地下の飲食街も闇市に由来する。区画整理のために路上から地下に、各店舗がほぼ同じ規模と配列のまま移転したという背景がある（詳しくは、橋本健二著『居酒屋ほろ酔い考現学』第四章を参照）。ビルの地下なのに、路上――しかも、薄暗い裏路地――に迷い込んだような錯覚が起きるほど異様な空間になっている。初めて行ったときに三畳くらいの規模の店に入ったら、店内でなんとクサヤ（！）を焼いていたのを強烈に覚えている。駅前ビルのなかにもかかわらず、である。また、すぐそばには三、四人しか座れないほどの極小の呑み屋があり、客たちはビル内の「通路」にさらけ出されたカウンターで呑んでいるから、やはり「駅前ビル内の飲食街」というよりも、「路地の呑み屋街」としか思えない。数年前に比べ、新橋駅前ビル地下の「闇の匂い」はだいぶ薄れてきたが、都心のど真ん中の〈異空間〉として、貴重な場所であることに変わりない。

都心ではないが、東京近辺で闇市を疑似体験したければ溝口《みぞのくち》に出かけるとよい。神奈川県川崎市高津区のＪＲ南武線武蔵溝ノ口駅、または東急田園都市線溝の口駅付近の西口商店街は、見る人によっては、単に小さなさびれた、汚い商店街にしか映らないだろう。ところが、戦後初期の雰囲気が色濃く残っている街に絶妙な美学を感じる人なら、この商店街に足を踏み入れるだけでワクワクするにちがいない。西口商店街で見られるのは、お流行りの演出された「レトロ風」の新しい店ではなく（そういう居酒屋も少し現れはじめているが）、実際に戦後初期の闇市に由来する呑み屋である。いまの商店街は昭和三十年前後から残っており（「取り残された」と言った方がよいかもしれない）、なかには「**＊かとりや**」と「**＊いろは**」という年季の入った痛快な立ち呑み屋が二軒ある。

「いろは」は立ち呑みカウンターが数カ所に分散しており、初めて訪れる人でも比較的入りやすい。しかし、「かとりや」の極小のカウンターに集まる常連客が発する「静かな熱気」には特別なものがあり、初めての人は勇気がいるだろう。

客層は広く、みんな愉快に呑んでいるが、力んでいないところがよい。緊張して不自然な大声を出す人もいないし、背後の南武線の線路を電車が走っているときには自然に会話が止まり、通りすぎると自然に復活する。また、溝口（前述のように、町名と駅名の記し方がすべて違う）の西口商店街で呑んでいるときには、新宿や有楽町や上野のごとく、観光客にじろじろ見られる恐れもなく、吉祥寺のハモニカ横丁のようにデートコースにまで落ちぶれていないおかげで、ひとり呑みの客も自意識過剰にならないで済む。

もし東京を歩き回っていて雑然とした路地に差し掛かり、そこで飾り気がなく小さな、しかもちょっと汚そうな店を見かけたら、それは闇市にルーツをもつ可能性がある。屋台とは違うものの、闇市由来の店は、〈店内〉と〈店外〉、〈店〉と〈街〉との境界線が曖昧であるがゆえに、それぞれの時空間を同時に味わえる。戦後初期のストリート・カルチャーが、街のところどころに、いまでもかすかながら残っているのである。

赤線と青線の呑み屋街

「赤線」とは公式売春地帯、「青線」とは非公式（つまり、不法の）売春地帯を指す戦後初期の用語である（詳しくは加藤政洋著『敗戦と赤線』を参照）。売春防止法が可決された一九五八（昭和三十三）年以降、それぞれの場所が正式に消滅することになったが、言うまでもなく売春という業種同様、その用語が消えたわけではない。そして、現代日本の居酒屋文化を理解するにあたっては、屋台および闇市由来の呑み屋に加えて、赤線と青線に由来する呑み屋の特徴を考える必要があると思う。

まず、赤線が法的に認められていた売春地帯だったことに留意したい。というのは、不法ではないので、客の目を引く派手な外観が建物に積極的に導入されたのである。また、赤線地帯は戦前の遊郭の延長線上にある場合が多く、その歴史的背景を考慮すれば、祝祭性あふれる派手な建築設計が好まれたことも納得できよう。

ただし、戦前の遊郭は〈和〉の趣向が主流だったのに対し、戦後の赤線やそのヴァリエーションである「カフェ街」などでは、〈洋〉の趣向、または新奇な〈和洋折衷〉の建築様式が際立つようになった。たとえば、外壁の色鮮やかなタイル、アーチ形をした出入り口や窓、さらにステンドグラスなどの細かい装飾——。

現在、奇抜なデザインをした赤線の建築物は街からほとんど消えてしまったが、写真ではその美をじっくり鑑賞することができる。とくに木村聡《さとし》の写真集『赤線奇譚』や『赤線跡を歩く』をお薦めする。木村は各地の赤線跡を歩きながら写真に収めていったわけだが、彼の鋭い観察眼がディテールに富んだ写真によく反映されている。さらに、彼が写真一点一点に付けたコメントも参考になる。

映像では、川島雄三監督（助監督は今村昌平）の一九五六（昭和三十一）年の映画『洲崎《すさき》パラダイス　赤信号』に、売春防止法前の赤線（洲崎）を撮影した場面がある。とくに冒頭部分が印象的だが、エンターテインメント性を十分に持ちながら、歴史的な価値もある映画だと言える。

吉原に次いで東京で二番目に大きな遊郭／赤線だった洲崎の旧町名は、深川洲崎弁天町一丁目および二丁目だったが、一九六七（昭和四十二）年に江東区東陽一丁目に変更されたため、「洲崎」という地名が東京の地図から消えてしまった（映画作品『洲崎パラダイス　赤信号』に対する私の解釈は『呑めば、都』で述べたので、本書では省略する）。

洲崎をはじめとする元赤線地区では、その面影がほとんど消えてしまった街もあれば、吉原のように建築様式は大きく変わったものの、いわゆる「ソープ街」として業種がおよそ継承されている街もある。

赤線の跡地が呑み屋街に変貌した場合、一番よく見られる酒場はスナックだと思う。外見はともあれ、スナックの派手な内装を思い浮かべれば、その歴史的な流れを想像するのはさほど難しくないだろう。

赤線と違って、青線はあまり目立っていいような立場ではなかったためか、それとも建築の際に資金が限られていたためか、とにかく派手な店構えはあまり見られないようである。商売の内容は「大っぴらな秘密」だったとは言え、不法だったから当然かもしれない。いずれにせよ、青線の外観と構造は赤線とは対照的だった。もっとも有名な事例は、新宿ゴールデン街だろう――木造二階建ての地味な建物が並び、一軒一軒には狭い入口しかなく、一階が極小のバーになっている。現在のゴールデン街は、一階と二階で店も店主も異なるケースが多いが、本来は一階で建前として酒を出し、二階、または屋根裏で客を取っていたわけである。

赤線のきらきらする派手な建築様式が「陽」だとしたら、裏路地に潜んで隠れて客を取っていた青線は「陰」ということになろう。売春防止法の施行後、赤線や青線が呑み屋街に変貌したケースは少なくないが、赤線地帯がスナック街に変わり、紫色などの派手な看板を掲げるようになったのに対して、青線は、薄暗い路地に潜んだまま、間口の狭い木造二階建ての建物がぎっしり並ぶ小料理屋街やバー街になったケースが多いように思われる。

一九六〇‐七〇年代の新宿ゴールデン街は、若い文化人や芸術家の溜まり場であったと共に、キャッチバー（ぼったくりバー）やゲイバー（当時のゴールデン街では「おかまバー」

と呼ばれていた）が並んでいた。うっかり変な店に入ると厄介なことになりかねなかったので「危ない」という風評も流れたが、同時代のアングラ文化を支える大事な場所でもあったのは周知のとおりである。

ごく短い一本の路地、しかも駅のすぐそば——JR中央線西荻窪駅南口の焼き鳥屋街の一本裏も青線だったと言われている。その路地に並ぶ建物を見たら納得する——二階建ての地味な木造の店が並び、しかも間口が狭く、いまだに薄暗い。ただ、ゴールデン街のように二階も店になっているところは少ない。

一九八〇年代初期まで、主に中高年の女性が営む小料理屋ばかりが並んでいたが、一九九〇年前後から少しずつ若者が店を開くようになり、近年はタイや中国の客家《ハッカ》地方、韓国、沖縄、そしてインドなど、アジア風の「エスニック酒場」が次々に現れ、店主も多国籍である。その意味では、青線時代とも、小料理屋時代とも異なる店が並ぶことになったわけだが、注目すべきは、従来の建物を壊さず、しかも路地の規模と特質（歩行者中心であること、薄暗いことなど）を変えずに新しい営業形態を創出したことである。従来の構造をうまく再利用する「開発モデル」と見なしてよいだろう。

また、夏になると、定期的に各店舗が店の前で独特な料理と飲み物を売り、一時的にストリート・カルチャーとしての路地の一面が蘇ることもある。いまは青線から程遠い世界ではあるが、薄暗い路地に、間口の狭い二階建ての素朴な木造建物が並ぶこの呑み屋街には、青線の面影が見受けられる。過去の残像を無情に取り壊し続けてきた東京だからこそ、いっそう貴重な一角に思える。

商店街で越境体験

街の公共空間のなかでも、一昔前までの活気が残る商店街は、とくに健全なイメージがあったのではないだろうか――利用されるのは主に日中の明るい時間帯であり、利用者の中心は主婦やお年寄りや子連れの家族だから、安全な場所というイメージが強かっただろう。それと対照的なのは呑み屋街、さらに風俗街など、水商売の店舗が軒を並べる一帯だろう。逆にこちらの店が開くのは日が沈む頃、利用者は主に男性であり、酒に酔って乱れたり暴れたりする姿もめずらしくない。

周知のとおり、多くの商店街が活気を失いはじめて久しい。そのため、「昼の世界」を「夜の店」が侵食した例も見受けられる。それでも、昼の商店街にはまだ健全なイメージが残っているだろう。だからこそ、商店街のど真ん中で酒を喰らっているだけで、ちょっとタブーを破っているように感じ、後ろめたさと興奮が混在するような気分になる。

そば屋の昼酒が「粋《いき》」だとしたら、真っ昼間の商店街で酒を呑む行為は「ダラシナイ」となる。いくら呑み屋が侵食してきたとは言え、商店街には境界線が残っており、皆がそれをしっかり認識して守らなければ、たちまち社会秩序が侵される恐れがある。だから、どうしても商店街で呑むというなら、夜、そして居酒屋の店内に限る、というのが常識だろう。

だが、たまに社会の常識に逆らいたくなることもあるのではないか。別に爆弾を投げたり、逮捕されるような派手なことはしでかしたくないが、程よいタブー破りは平凡な日常にスパイスを加える効果がある。昼酒にもそのような効果があるが、とりわけ日中の商店街のなかで酒を呑む行為は、いっそう刺激に富んでいると思う。

かような軽い抵抗心を披露したくなるとき、私の足は自然に赤羽に向かう。「**＊いこい**」やもう一軒の激安の立ち呑み屋「**＊喜多屋**」は早朝から開いている。座って呑みたかったら午前九時から「**＊まるます家**」が開店する。この街では昼酒どころか、朝呑みまで常態化しているので、そもそも飲酒に関するタブーはとっくに消えているのではないか、と考えたくもなる。だが、やはり居酒屋のなかで呑むのと商店街のど真ん中で呑むのは、違う。

私はまだおとなしいせいか、さすがに山谷《さんや》周辺で見られるように、酒屋で買ってきた缶チユウハイを手に、道や商店街のど真ん中にどんと座り込んで堂々と酒を喰らうようなことはできない。せいぜい、立ちながらおでんとコップ酒を軽くいただく程度だが、それには赤羽駅東口の一番商店街のなかの「**＊丸健水産**」（第二章を参照）が打ってつけである。自家製のおでんに赤羽の地酒「丸眞正宗」を、店が用意してくれている立ち呑み用テーブルで悠々といただく。

この一番商店街も戦後の闇市に由来するが、駅周辺にスーパーやデパートが進出したことで衰退しはじめ、さらにコンビニの出現によって、ダブルならぬトリプルパンチを喰らったごとく、衰退に拍車がかかった。そのため、現在のアーケード内はかなり寂れている。だが、そういう類の寂を好む人なら、商店街の「空気」をじっくり味わいたくなるだろう。また、赤羽の商店街には呑み屋が多いとは言え、「丸健水産」辺りでは普通の買い物客や子供の姿が見られるから、店内の昼酒とはまた一味違う飲酒体験である。

真っ昼間に商店街のなかで呑むという行為は、大げさに言えば社会に引かれている境界線を無視し、健全な昼の世界に、夜の世界を勝手に持ち込むことである。あるいは、〈日常空間〉を〈異空間〉に変貌させる行為とも言えるだろう。

第五章　〈場〉の味わい――店舗の内外を読み取る

目を開き、耳を澄ます

都会住まいの読者に、次の「実験」をお勧めしたい。ひとりで行うことが大事である。

現在、住んでいる都市のなかで一度も降りたことのない駅やバス停で降りて、しばらく歩きまわり、その街の雰囲気を少し把握してから、よさそうに思える居酒屋に入る。もちろん、どこの街でも見かけるようなチェーン店居酒屋は問題外であり、事前に居酒屋ガイドや、ネット情報や、知り合いの推薦などをいっさい参考にしないで自分の「嗅覚」だけを頼りに店を選ぶことが肝心である。そして、のれんをかき分けてカウンター席に腰を下ろし、一服してから、なぜその店に惹かれたのかを、なるべく細かく思い起こしていただきたい。逆に、店の選択が失敗だったと思ったら、どういう側面が気に入らないか、また、店を選ぶ時点をふり返り入店する前からその兆しがあったかどうか、もう一度考えていただきたい。

ひとり呑みに慣れていない読者にとって、この小さな冒険はかなり度胸が要るように感じられるかもしれないが、数回実行するだけでも、居酒屋に対する嗅覚が格段と上がると思う。少なくとも、自分の好みをいっそう自覚できるという意味では、居酒屋選びに役立つはずである。


以上の実験を三、四回繰り返してから、今度はこれを「呑み友」とふたりでやっていただきたい。すなわち、お互いに知らぬ街を一緒に歩きまわって居酒屋を探すまでは同じだが、今度はどの店を選ぶかについて相棒と相談しながら、お互いに気づいた点を細く挙げることがミソである。ちょっと長くなるが、詳しい例を挙げよう。


「ここはどう?」

「いや、ダメだろう」

「なぜそう思うんだ?」

「ほら、表に出してある品書きを見ろ。あのカラー写真満載のプラスティック製メニューって、まるでファミレスみたいじゃないか。それに、『ガンバリ屋』の店名も力みすぎで、気に入らないな。ああいう店はだいたい、店員が忙しそうに走りまわっていて、注文を取る度に『何々でよろしかったでしょうか』と言ったり、酒やつまみを持ってくるといちいち『何々になりまーす！』とか変なバイトマニュアル式の日本語を使ったりして、とにかく食べる前からうんざりするよ」

「なるほど。そうかもしれない。そう言えば、店内から漏れているＢＧＭも気に入らないな。じゃあ、隣の店は？」

「お前はどう思う？」

「そうだなあ。あそこは確かに旨そうだけど、ちょっと高すぎるんじゃないかな……」

「どうしてそれが分かるんだよ。品書きが表に出ていないから？」

「いや、それだけじゃ分かんないだろう。たとえば、常連の多い店なら、品書きを出さなくても客は入るし、とくに高いというわけじゃないだろ？　いや、あそこののれんをよく見てよ――生地もずいぶん高級そうだし、あのくすんだ緑色もかなりこだわっている。それに、入口にクレジットカード会社のシールがべたべた貼ってあるだろ？　この街であいうことをする店って、だいたい二、三千円では済まない」

「なるほど。じゃ、そこもやめておこう。あの先にも一軒、赤提灯があるだろ？　ちょっと見てみようじゃないか……」

「うん、ここはいいかもしれんぞ。ほら、『ふうちゃん』という店名が親しみやすいし、あの縄のれんもなかなかいい感じじゃない？」

「そうだな。それに、規模も大きすぎないし、店の前に自転車が何台も止まっている。あれはさ、だいたい地元の常連客が多いというしるしだよな。ネットとかテレビで話題になって、急に一見客がどーっと店を占拠して、注文した品の証拠写真をパチパチ撮ってばかりいると、こっちは落ち着かなくなる」

「うん、おまけに常連客が入れなくなるから、けっきょく店にとってありがた迷惑だよな。しかし考えたら、我々だってここに入ったら、一見客だぜ」

「我々は違う。そんな野暮《やぼ》ったい観光客みたいな真似はしないだろう」

「確かに。ところで、なかからずっと笑い声が聞こえてくるじゃないか。うん、きっといい店だよ。入ってみようじゃないか」

「よーし！」

私はこのような遊びを何度もやったことがあるが、なかなか楽しい。しかも、居酒屋を選ぶときの目が思った以上に肥《こ》えてくるし、呑み友の好みや観察力を知るきっかけにもなるから一石二鳥と言える。

ただし、最後の「**ふうちゃん**」の話は、友だちとふたりではなく、私がひとりで自宅から自転車に乗って、近くのＪＲ南武線谷保《やほ》駅周辺を走りまわったときの体験に基づくものである。そのとき目と耳に留まったことや、気づいた点などを対話形式に書き換えた。店名や縄のれん、それに店の前の自転車や笑い声といった要素は、すべてそのとき注意をひかれたものである。そのなかの条件がひとつだけだったら入ろうと思わなかったかもしれないが、これだけよさそうな条件が揃っていたからこそ「きっといい店だ」と直感した次第である。

ちなみに、「ふうちゃん」は想像以上の発見となり、その後も定期的に顔を出している。店はいい意味で「普通」の赤提灯である——地元に根付いた、家族経営の小ぢんまりした朗らかな雰囲気が、私は何よりも気に入っている。はるばる電車に乗って出かけるような名店というわけではないが、家の近くにこういう居酒屋を一、二軒発見するだけで、急に日常生活が豊かになった気がする。

また、客層が幅広いのも「ふうちゃん」の魅力のひとつである。初めて入ったとき、どんな客が多いのか店主のふうちゃんに訊いたら、「いろいろですよ――サラリーマンも来るし、先生も来るし、百姓も来る」と答えた。東京で「百姓も来る」とは意外に聞こえるが、実際に近くの甲州街道と多摩《たま》川との間に畑のみならず田圃も残っており、車道をゆっくり走るトラクターを見かけたこともある。客層の幅広さは、壁の貼り紙の注意事項にも、間接的ながら反映されている――「やせ馬は資本の脚が弱いので駆けは一切お断り」。クレジットカード会社のシールがベタベタ貼ってあるような居酒屋では、この類の言葉遊びは楽しめないだろう。

百姓のほかに「ふうちゃん」で注目すべきは、女性の常連客の割合である。おそらく店の四割近くが女性客で、ひとり、またはカップルで来る女性客もカウンター席に座り、周囲の客（ほとんどが常連）と気さくに話している姿には感心させられる。男性客と同様に「みんなで呑んでいる」という認識があり、店内空間に流れている〈共有性〉を汲《く》み取っているように見える。それを考えると、「ふうちゃん」はオルデンバーグが強調する同性による共同体ではなく、男女のバランスが取れている異例の〈第三の場〉と見なせるかもしれない。

外から店を読み取る

さて、自分の嗅覚だけを頼りに居酒屋を選ぶ場合、つまり入るか入らないかを決めるときには、店の外側から得られる情報にほとんど依拠することになる。何せ、食べてみないと味は分からないし、屋台や闇市由来の特殊な造りの呑み屋でない限り、外から「店内」の様子はあまり見えないのが普通だろう。ましてや、札幌のようにビルのなかに潜んでいると、実際に店内に足を踏み入れない限り、雰囲気はほとんどつかめない。そういう店はともかく、目を開いて耳を澄ませながら微細な点に注意すると、役立つ情報が豊富に得られる。

まず、第四章で論じたように、〈街〉そのものが有用な情報となりうるが、本章では店自体のより物理的な側面に焦点を当てたい。店の外見から何が読み取れるか。また、いったん店内に入ったら、内装のみならず、店の規模や構造、カウンター席とテーブル席との比率などから何が分かるか。

初めに、店の外観を仔細に観察しよう。

外装と入口

まず、割烹に関する記述（第三章）を思い出していただきたい。普通は看板やのれんに「割烹」と記すだけでなく、高級な趣向の外装や上質の素材ののれんをはじめ、全体として品格を醸し出しているから、一見客が気軽にふらっと立ち寄るにはハードルが高い。対極にあるのは屋台、あるいはまったく飾り気がなく、道に面していて「店内」が丸見えの安酒場だろう。そういう店なら一杯だけひっかけて、気に入らなければすぐに出て行けばいいが、割烹ではそういうわけにいかないだろう。

多くの居酒屋はそういった両極の中間にあると言える。つまり、立ち呑み屋などと違いお通しが出たり、注文に多少時間がかかったりするから、十五分も経たないうちに出ていくことは難しいし、少しは高くつく。だから、やはり入る前によく観察するのが得策だと思う。ビルの地下や二階以上にある居酒屋はさておき、路上から見える店に絞って考えていこう。

居酒屋通いの経験がさほど豊富でなくても、外装から判断して「高級そう」な店はだいたい分かるだろう。ただ、高級店はうまく避けられたとしても、いわゆる「並」の居酒屋がたくさん残っているから、そのなかから選ばなければならない。いくつかの外的要素に注目すると、その選択が楽になる——看板や提灯などもそうだが、店の入口に注目すると店内の雰囲気を察することができる場合もある。

私の実体験から例を挙げよう。

総武線の東中野駅周辺で、友だちとふたりで居酒屋探訪をしていたときのことである。一軒目に、友だちが行きたがっていたモツ焼き屋に入ったが、店内がうるさくて、お互いにあまり感心できなかったので三十分くらいで出て、駅の反対側を歩きまわりながら、落ち着いた感じの小ぢんまりした呑み屋を探し当てようとした。しばらくして私は足を止め、目の前の店を指しながら次のように予言した。「ここはいいような気がする。きっと中高年の女性か夫婦がやっていて、さっきみたいにうるさくないはずだ」。友だちが不思議がっていたので、その理由を説明した——小ぢんまりした一戸建てで、年季が入っており、看板も控えめだから店内もきっと落ち着いているに違いない。何より店の入口に鉢植えがきれいに並べてあることから、女性の存在が感じられる。また、鉢植えがだいぶそこになじんでいるから、同じ店主が長く切り盛りしてきたと考えられる。そこからざっと計算して中高年だろうという結論に至った。

入ってみると、やはり六十代の夫婦が三十年くらい営んできた店だということが分かった。

格別においしいわけではなかったが、そのときちょうど探していた、小ぢんまりした落ち着いた感じの店という意味では、いい選択だったと言える。

繰り返し述べてきたように、表にある品書きだけで店を判断することはできないが、品書きの有無、記されている内容だけでなく、品書きそのものの「趣味」も店を選ぶ判断材料のひとつになるから見逃せない。

たとえば、前述の「カラー写真満載のプラスティック製メニュー」は、六十代の夫婦が長年営んできた落ち着いた店ではあまり使用されないだろう。だから、地元に根付いた静かな店を探すとき、もし店の表に品書きが出してあったら、品名と価格のほかに、メニューそのものの作りがかなり当てになる情報だと言える。

実体験から別の例を挙げよう。

二〇〇八年、福島市を初めて訪れたとき、ある人に推薦された店に行ってみたら、大通りに面したビルの地下にあり、しかも例のファミレスを連想させるメニューを表に出していたから入るのをやめた。自分の「勘」で居酒屋を探すことにしてしばらく歩きまわり、近くの路地に入ったところで和紙に筆で書かれた品書きが目に留まった。通常、和紙に手書きの品書きだと値が張る覚悟をしなければならないが、価格も明記されており、もしこれで美味ならけっして高くない値段だった。しかも、ちょうど旬の鮎の塩焼きも品書きに載っていたので入ってみた。けっきょく、その店での体験は、居酒屋に通いはじめてからの三十七年間でもっとも感動的なものとなった（詳細は拙著のエッセイ集『ひとり歩き』に書いたので、ここでは省略する）。

最初の大通りに面した店も不味くはなかったかもしれないが、ひとり呑みには合わないだろうし、そもそも居酒屋にさほどこだわりがなさそうな人が教えてくれた店だったので、入らなかったのは正解だったと思う。自分が選んだ店は、路地という立地条件に加え、品書きそのものの趣味に惹かれた面が大きかった。幸運は、ある程度、自分で作るものだと言えよう。

看板と提灯

広島県尾道《おのみち》市の商店街のなかに、ちょっと異色の「うどん屋」がある。いや、「元うどん屋」と書くべきだろう。というのは、店舗の日よけ部分に「うどん」と大きな文字が記されているが、入口に近づいて覗くと「うどん、ありません」と書かれているからである。ここは普通の呑み屋らしい。あるいは、「普通」とも呼べないかもしれない。商店街のなかにありながら、店主をはじめ変わり者が多く集まっているようだ。
店内に入って、一杯目を呑みながら、店主に店の由来などを訊いてみた。「うどん　奥山」は確かにうどん屋から出発したのだが、徐々に居酒屋に変貌し、現在は一切うどんを出していないという。この「うどん、ありません」という文句が評判になり、おそらくいまや、店名の「奥山」よりも「あの『うどん、ありません』の店」と記憶している人の方が多いようにも思われる。ともあれ、居酒屋「奥山」は気楽で安く、前述のとおり相当に個性的な客が集まる。店主もなかなかとぼけたところがあり、控えめながら愉快である。ここはうどんを一切出さなくても、まったく問題ないだろう。

神戸に講演のために呼ばれたときのことである。講演のテーマが日本の居酒屋文化だったにもかかわらず、主催者が「せっかくだから、神戸のお好み焼き屋にぜひご案内したい」と言う。最初、居酒屋好きをなぜお好み焼き屋に連れていくのか、理解できなかった。いくら呑める店でも、ごく短い滞在の貴重な一夜をお好み焼き屋で過ごそうとはさすがに思っていなかった。

ところが、元町の「**子ぶた**」も、よい意味で期待を裏切る「お好み焼き屋」、もとい呑み屋だった。ドアを開けたら、まず店内の柔らかい照明と落ち着いた内装が目に入り、それまで抱いていたお好み焼き屋のイメージがすべて吹っ飛んでしまった。どう書けばいいのか迷うのだが、「カウンター中心の高級鉄板料理屋プラス洗練された居酒屋の混合」としか表現できない。あるいは「お好み割烹」という造語を提示したくもなる。とにかく鉄板付きカウンターのみの狭い店なのに、上質なさしみと地酒のセレクションもあれば、鉄板焼きメニューも多様。〆にお好み焼きか焼きそばを注文する客が多いようだが、それがまた通常のコテでしたものとはまったく違い、最後の一品として不思議に様になっている。

このふたつの例が示すのは、要するに、「うどん」であれ、「お好み焼き」であれ、店の看板や呼び方など必ずしも当てにならないということだ。

それでも、注意した方が得だと思う。たとえば、店名の下に「居酒屋ダイニング」などとあれば、店内を覗くまでもなく、客層は主に若い女性かカップルということは察知できよう。私はそういう店にひとりで入っても楽しめないから避けるようにしているし、また我々オヤジ族が数人で乱入すると店内の空気を汚してしまう気がするから、やはり敬遠したくなる。

いずれにせよ「ダイニング」という最近お流行りの商標を得意げに掲げるような店は、私には合わない。店選びは自分の好みを自覚することから始まるものである。

また、「味処」という言葉は、別の意味で注目に値するように思う。同じように見えても「食べ処」や「食事処」に比べ、「味処」の方がやや高級志向の場合が多いだろう。「当店は味に自信がある」と宣言しているだけに、それなりの値段も覚悟しなければならない半面、不味い可能性は低いだろう。もちろん、旨くて安い場合もあれば、高いのに大して旨くない場合もあるが、「勘」で店を選ぶ際には、ある程度このような確率論を重視するほかない。

ほかに、新しい看板なのに、いかにもレトロな書体で「大衆酒場」「昭和の雰囲気」などと宣伝しているような店は、むしろ歴史が浅く、客層も大衆的ではないと察してもよいと思う。確かに、正真正銘の大衆酒場で、「大衆酒場」を自称する店はめずらしくないが、その場合はいわゆる「レトロ演出」をしているのではなく、店舗や看板自体に年季が入っている様子から本物であることが確認できるだろう。また、そういう店はある程度、外から店内の様子が覗き込める造りになっているので、客の世代や社会階層などはおおよそ判断がつくはずである。したがって、その店が「自称大衆酒場」であるかどうか、十分に見抜くことができるだろう。

白い提灯

看板や店名などと並び、提灯も情報源のひとつだと言える。もちろん、提灯をぶら下げていない良店も少なくないし、逆に冬になると、コンビニのおでん売り場でさえも赤提灯を略奪して流用していることは既述のとおりだ。提灯がない場合は、のれんの色や形などが参考になると思う（後述）。

さて、第三章の割烹の項で触れたように、概して言えば白い提灯を掲げている店の方が値段が高く、洗練されている傾向がある。だが、例外も少なくない。東急池上線の某駅周辺で、白い提灯をぶら下げたうなぎの串焼き屋に入ったことがあるが、むしろ庶民的というか、やや荒い雰囲気の店だった。そしてそのことも、提灯を含む店の外観から察することができた——白い提灯ものれんもかなりぼろぼろだったし、入口付近もきれいに掃除されているわけではなかった。しかも、店内から漏れ出てくる笑い声は、前述の谷保の「ふうちゃん」のように誘い込んでくるような朗らかなものではなく、どきっとさせられるような中年女性の大きなガラガラ声だった。それでも知らない街の異空間を体験するチャンスだし、白い提灯の〝法則〟の反例としてその店に対する好奇心が湧き、入ってみた。案の上、「美味」からはほど遠い味だったが、マスターご自身の意外な話が聞けたし、ガラガラ声のおばさん客とも多少一緒に笑い合えたので、冒険としては十分に楽しめた。

自分の嗅覚だけで居酒屋探訪に挑むとき、酒肴の品質にばかり固執していると、どうしてもがっかりすることが多くなってしまう。柔軟な姿勢で店全体を見て、それなりのよさやおもしろさを汲み取ろうとすれば、「失敗」に感じなくなることもある。本書で繰り返し述べているように、居酒屋にはいろいろな味わい方があるということだ（とは言え、あのうなぎの串焼き屋については、そもそも美味なつまみを期待していなかったことも助かった一因だが……）。


モツ焼き屋は、さすがに白い提灯はあまり吊さないが、国立の「＊まっちゃん」は、赤提灯を夏に白い提灯に取り換えることによって、すがすがしい雰囲気を醸し出している。品書きは一年中まったく変わらないのに、提灯を取り換えることで季節感を与えてくれるという意味では、旬の魚や野菜を出している居酒屋と共通しているように思える。

ところで、提灯というものは、色だけでなく大きさや形も注意に値する。店はさほど大き知は、現場にある。

光文社新書

くないのに浅草雷門を彷彿させるバカでかい提灯をぶら下げているような居酒屋は、貫禄があるというよりも、単なる目立ちたがり屋の可能性が高いだろう。逆に、通常のものと微妙に形が違う提灯を見ると、私は入ってみたくなることがある。

一度、呑み友だちと武蔵小山を探訪していたとき、大きな道の五十メートルほど先にある、やや楕円形をした白い提灯が目に留まった。私が半分独り言のように「あそこはいいかもしれない」と漏らしたら、友だちははじめどの店のことを指しているのか分からなかったようだ。何せ、店ははるばる向こうに佇んでおり、看板も見えない状態だった。よっぽど目を凝らさないと提灯にすら気づかないが、私は長年の癖で常に無意識のうちに偵察モードに入り、「よさそうな居酒屋はないか」と探しているらしい。

近づいてみると、その店は新しい焼き鳥屋だということが分かった。通常なら、「新しい」という時点で入ることをやめるが、提灯が気になり入ってみた。新しい店だから、年季の入った店に比べて風情も貫禄もないし、長年通い続ける常連客なくしてはなかなかできあがらない「落ち着き」も味わえない。しかし、焼き鳥は予想以上に旨く、高級焼き鳥屋のように極端に高いわけでもない。しかも、若い店主や従業員たちが一生懸命仕事に励んでいる姿が頼もしく感じられ、全体として好印象を受けた。店主に「あの提灯は特注でしょ?」と訊くと、やはりそのとおりだった。さほど高い焼き鳥屋でもないのに、あれほど提灯にこだわるのだから、なるほど、味にも気合が入っているものだ、と納得させられた。

「会員制」の札を出しているのに、実は会員制ではないという店もある（居酒屋よりもバーの場合が多い）。新宿ゴールデン街などでよく見かけるが、これは「暴力団員の入店を禁止する」という意味でつけている店が少なくないらしい。怪しい、または面倒くさそうな一見客を断るのに便利だという機能もあるだろう。

最後に、一切看板や店名を出していない店に触れよう。なかなか入りにくいのは確かだが、小ぢんまりした静かな居酒屋が多く、普通の店では味わいにくい落ち着いた雰囲気が期待できる。どちらかと言えば、店の常連客に連れて行ってもらうのが無難だが、一見客でも入れてくれる場合もある（ただし、客の顔を見てから判断するかもしれない）。そのような居酒屋のなかには、意外に気さくで価格も手ごろな店もある。つまり、必ずしも鼻につくエリート意識や排他的な方針があるから看板を掲げないというより、単に店内の雰囲気を大切にしたいだけなのだろう。ただし、そのような呑み屋は、広く知られてしまうことは本意ではないだろうから、ここではあえて具体例を挙げない。

のれん

世の中にはさまざまな境界線がある。ほとんど意識しないまま、我々はそれらが発する「指示」に従って行動しており、また無意識とは言え、その指示を正確に読み取ることが、文化という領土を無難に行き交うために必要な技能でもある。

境界線の例として、まず東京の典型的な一戸建ての住宅を考えてみよう。道路から家に近づくと、最初に差し掛かる境界線は車道と家の敷地を隔てる塀である。それより先は部外者が無遠慮に入ってはいけないことになっている。さらに塀のなかに入ると、ドアが家自体の〈内〉と〈外〉を隔てている。ドアの前まで進んでも、家主がドアを開けて招き入れてくれない限り、玄関に足を踏み入れてはいけない。玄関に入るように誘われても、さらに許可を得ない限り、それより先に入ってはいけない。というのも、玄関という空間と家のなかとの間に壁はないが、別の明白な境界線が引かれているからだ。その境界線を越えるには、まず靴を脱いで、そして頭を下げながら「お邪魔します」と言い、新たな〈私的な次元〉に侵入することに対する認識を表すことが礼儀とされている。それから一段上った時点で、初めて

「家に上がった」ことになる。

　車道からたった数歩の距離だが、複数の異なる境界線が引かれており、なかへ進めば進むほどプライベートな空間に入る仕組みになっているわけだ。そして、我々は毎日のように、その複雑なルールを心得た上でほぼ無意識に行動している。


　さて、居酒屋にも〈内〉と〈外〉を隔てる境界線が複数ある。ただし、営業中の飲食店である以上、個人宅ほど仕切りは厳重ではない。たとえば、高級な割烹や高級バーなどのように一見客お断りのしるしがない限り、だいたい誰でも許可なく店内に入れるだろう。とは言え、屋台や闇市由来の飲み屋のようなオープンな構造の店でない限り、通常は「店内」と「店外」を隔てる境界線がはっきり示されている。それはのれんである。玄関から個人宅に上がるときほど、謙虚な姿勢は要求されないものの、のれんをかき分けて入るとき、必然的に頭を少し下げることになる――突っ立ったままでは入店できない構造になっていることも、注目に値すると思う。

　もちろん、前述したようにいろいろな店があり、高級志向が強ければ強いほど〈私有化〉、そして、その延長線上にある〈プライバシー保護〉の方針が色濃く表れる傾向にある。街に向けてずいぶん開放されている構造の呑み屋もあれば、同じような立地でありながら外からまったく店内が覗けない構造の店もある。普通の赤提灯というのは、その中間に位置しているだろう。屋台ほど開かれてはいないが、料亭や割烹や高級バーなどのように〈街〉を締め出しているわけでもない。通りすぎていく人たちがふらっと立ち寄れるように、表から店内の様子を垣間見ることを可能にしながらも、なかで呑んでいる客たちのプライバシーもある程度守られている。その両側を介している半透明の境界線が、まさにのれん、そして戸口の曇りガラスである。

居酒屋ののれんは、だいたいは布（紺色が定番）、または縄でできている。布の場合は店によって色も生地も丈も異なる。定番の紺色であっても、上質の生地を使っていて文字が一切ないなら、そこは渋くてやや高級な店である可能性が高いと思う。また、紺色以外ののれんの場合は、その店が何か特別なこだわりをもっていると察してよいだろう。だからと言って、必ずしも旨い、ないしは高いとは限らないが、気に留めておく価値はある。

古典酒場と呼ばれるような渋い居酒屋では、縄のれんを吊している店が比較的多い印象がある。縄のれんには色の違いがなく、布のれんに比べて品質が見分けにくいから、私はその

「状態」に着目するように心掛けている。たとえば、縄が部分的に切れていたり、解《ほど》けていたり、または油づいたりしているなら、高級店ではないと判断できよう。

雑学になるが、縄のれんの由来について、谷峯蔵の『暖簾考』から興味深い一節を引用しよう。

縄暖簾と言うと居酒屋の代名詞となって、居酒屋専門の暖簾かと思われているが実際には（中略）一般民家、一般商家でも裏口に、また寺院などは裏口、勝手口にこの暖簾を使っていたもので、居酒屋、煮売屋が縄暖簾を専門に使うようになったのは幕末も天保年間（一八三〇 - 一八四四）頃からだ。

居酒屋、煮売屋がこの縄暖簾を専門に使うようになったのには、それなりの理由がある。

縄暖簾は蠅除けに効果があるからと言う。

門口にかけた縄暖簾は、屋外の明るさと、屋内の暗さとを仕切って縄は下がる。蠅は縄を境に暗い方、つまり屋内に這入りたがらず、匂いの染み込んだ縄暖簾に留まって屋内に這入らないと言う。真偽はとにかく、以上のような理由で居酒屋、煮売屋が縄暖簾を専門に使うようになったことから、その代名詞になってしまった。

縄暖簾は別称「さげなわ」とも言われていた。

（谷峯蔵『暖簾考』日本書籍、一九七九年、一〇二 - 一〇三頁）

残念ながらこの本は絶版になっているので、ついでにもうひとつ、おもしろい一節を引用したい。

丸竹、割竹を縄、紐で編んだものが弥生時代の遺跡で確認されている。その割竹を細かくけずった籤《ひご》で編んだものを翠簾《みす》と呼び、細い篠竹を編んだものを鬼すだれと言う。江戸時代、吉原等の遊所では暖簾をかけた出入り口以外の店先に、四季を問わずこの鬼すだれをかけていた。（中略）

なお、葬礼の時、関西は暖簾を裏返しにかけて忌中としるした紙を張り、関東は暖簾をはずし鬼すだれをかけ、それに忌中としるした半紙を張るのが慣例となっている。

（前掲書、九五 - 九六頁）。

以上の雑学を念頭におけば、著者が付け加えている川柳の意味が痛快に感じられるだろう――。

裏口へ嫁のねがひは鬼すだれ（樽三）

江戸時代であろうと現在であろうと、姑《しゅうとめ》は相変わらず不評である。

店内から読み取る

規模と構造――カウンターvs.テーブル

さて、店の外観から様々な情報を読み込んでから、いよいよ店内に入ったとしよう。まず、待望の一杯を注文して一休みしたいものだ。だが、店内にもその店の特徴を表す情報はたくさん見受けられるから、喉を潤してからよく見きわめていこう。

まず、規模である。店内が広ければ広いほど、店をうまく切り盛りするのに従業員数を増やす必要があり、組織が拡大されるだけに管理がどうしても複雑になってくる。言い換えれば、規模の大きい店は「運営システム」がいっそう重要になってくるわけだ。その意味では、チェーン店居酒屋は非常にうまくやっていると言わなければならない。大きな組織を効率よく運営しながら、まずまずのつまみを安く提供するだけでも大変だろう。ただし、その過程で、居酒屋として何か大事な要素が失われているような気がしてならない。その「何か」とは、ほかならぬ〈人〉である。私にとって、〈人〉こそ居酒屋のもっとも重大な要素であり、日本の居酒屋文化の魅力は、その要素なくして語れないと確信している。

もちろん、大型チェーン店にも〈人〉はたくさんいる。いや、たくさんいるからこそ大型と呼ぶのだが、言うまでもなく私が問いたいのは、そのような店では〈人〉よりも〈組織〉が重視されているのではないか、ということである。確かに、単に〈消費の場〉を求めている客なら、チェーン店居酒屋に満足できるかもしれない。とくに四人以上のグループで入って、テーブルを囲み、または座敷の一部を占有し、周囲の人に気を遣わずに自分たちだけの世界に浸って盛り上がりたいときには、むしろよい選択だとも言えるかもしれない。だが、居酒屋好きとして、それだけではつまらないと思う。言ってみれば、それは飲食がつくレンタルスペースのような使い方だと思う。やはり、もっと欲張りたいものだ。

ずいぶん逆説的な言い方ではあるが、〈客〉としてのれんをくぐるとは言え、しばらく経つうちに〈客〉であることを忘れさせてくれる居酒屋こそ「いい店」だと私は考える。つまり、〈顧客〉よりも〈一個人〉、少なくとも〈人間〉という気持ちで過ごせる時間は、品書きにこそ記されていないが、居酒屋が提供するすべてのモノのなかで、もっとも貴重だと主張したい。さらに言えば、

〈顧客〉→〈個人〉→〈自我忘却〉

という過程に誘導してくれる居酒屋なら、まさに至福の時間を過ごしたことになると思う。居酒屋を評価する基準として、これはあまりにも主観的すぎるのではないか、という疑問を抱く読者もいるにちがいない。だが、そもそも居酒屋という〈場〉は、各自の身体を通して認識する以外にないだろう。そう考えると、ある程度の主観論は避けられないと言える――味覚も嗅覚も美的感覚も、生まれもった身体や、育った環境や、積み重ねてきた体験などによって大きく左右されるわけだから、どんなに豊富な居酒屋経験を積んできた著名な大家であろうと、推薦店を挙げる以上は主観論から脱却できないはずである。

しかし、主観論の必然性を認めつつも、店内の規模と構造が及ぼす影響については、かなり客観的に語ることが可能だと思う。以下、東京都北区にある二軒の大衆酒場を事例に、それを確認したい。

「コの字」型カウンターの効果

まず、赤羽「＊まるます家」の店内の規模と構造について取り上げる（「まるます家」の人々については、拙著『呑めば、都』で詳しく取り上げたので、そちらをご参照いただきたい）。

店の真ん中にふたつの「コの字」型カウンターが背中合わせに並んでおり、おおよそ十八人ずつが座れる。ほかにも入口付近の壁沿いに四人がけのブース席があり、二階には座敷もあるが、あくまでもふたつのカウンターが「まるます家」の核心を成していると言える。店自体はそこそこ広いのに、カウンターがふたつに分かれ、そしてどちらも「コの字」になっているため、客同士が程よい距離感を保ちつつも、意外に小ぢんまりした「濃い」雰囲気が形成される。その点、とりわけ「コの字」型カウンターが注目に値する。

日本の飲食文化全般を見渡して、「コの字」型カウンターが一番定着しているのは、おそらく牛丼のチェーン店、そして大衆酒場だろう。このふたつの店が、きわめて対極的な雰囲気をもつことからも明らかなように、「コの字」型カウンターそのものが必ずしも一定の効果をもたらすわけではない。

牛丼屋はそもそもファストフード店であり、「コの字」が定着した主な理由は、最少人数の従業員が、最小限の歩数で、最大限の客数を相手にできるからにほかならないだろう。要するに、手っ取り早いサービスを重視すれば、「コの字」が非常に効率よい形となるわけである。

「まるます家」のような大衆酒場も、もちろんこの効率のよさを見逃してはいない。しかし居酒屋は、ただお腹を満たしてさっさと帰る場所ではなく、読んで字のごとく、酒を呑む「居場所」である。加えて、大衆酒場ならではの、新たな「コの字」の効果も生み出されると思う。すなわち、「コの字」は大衆酒場の〈共有の原理〉を強調しながら、〈共同体意識〉を高める効果がある、と。

第二章で論じたように、庶民的な酒場であればあるほど〈私有権〉が少ない——屋台にはプライバシーがない。立ち呑み屋には自分の席もなく、混み合ってくるとカウンタースペースもどんどん縮小させられる。また、座れる大衆酒場の場合、テーブル席が混んでくると合席を求められる。「コの字」型カウンターの店の場合、各自が一定の狭いスペースを確保できるものの、言ってみればカウンター自体が全員に共有される大きなテーブルと化している。

どんな形のカウンターでも、客同士による共同体意識がそれなりに生まれる可能性はあるが、とりわけ「コの字」の場合、ほぼ全員からほかの客の顔が見え、逆に自分の顔も周囲の客に見られているという特徴が挙げられる。これも〈共有意識〉を高めると言えよう——見ようと思えば、ほぼ全員の客が目に入り、耳を澄ませば会話も聞こえる。逆に、自分の言動も周囲に共有されているおかげで、各自の言動が自然に抑制される効果もある——みんなに見られていることを認識しているなら、あまり乱れた言動はしないだろう。けっきょく「コの字」は、客一人ひとりに自制する気持ちを植え付ける機能もあるわけだ。

同じ「コの字」型カウンターの牛丼屋と違い、大衆酒場はのんびりできるし、店内の雰囲気も軽快である。客たちは単に飲み食いするために来ているのでなく、楽しみたい気持ちもあるがゆえに居酒屋を選んでいるはずだ（同じ店でも、客によって楽しみ方はいろいろあることは言うまでもないが）。ましてや酒も介在しているだけに、少し時間が経って肩の力が抜けてくると、隣の客と軽い会話を交わしたり、あるいは私が大阪の「とらや」で体験したように、「コの字」の反対側にいる客の愉快な話を耳にしながら楽しんだりすることも、カウンターの構造、そして大衆酒場の〈共有原理〉によって可能になる。他人の愉快な会話に思わずニタッとする瞬間は、まさに自我忘却状態にある。間接的ながら他者とつながっているがゆえに、自己を忘れることができるのだろう。このような何気ない瞬間こそ〈幸福〉の原点かもしれない、とも考えたくなる。

もちろん、それがすべて「コの字」のおかげだとは思わない。「まるます家」の場合、店を切り盛りしているお姐《ねえ》さんたちのはきはきした話し方や、周囲の客たちの幸せそうな表情なども店内全体の雰囲気に貢献している。しかし、同じ店内でどんなに楽しく呑んでいても、壁に沿ったブース席や二階の座敷の客たちは、「コの字」を囲んでいる（他者同士の）客たちの間に湧いてくる淡い共同体意識とは、根源的に違う空間を占めていることになる。酒場は、「コの字」ならではの味わいが格別である。

「まるます家」では、カウンターが大きなテーブルを成していると言えるなら、隣の十条にある「**＊斎藤酒場**」では、テーブルが小さなカウンターを構成していると言えよう。価格も女性従業員たちの接客姿勢も庶民的でありながら、一九三三（昭和八）年創業という老舗ならではの内装が非常に格調高く、客たちが賑やかでも、店内の雰囲気は依然として落ち着いている。店内には分厚い自然木の一枚板のテーブルが並んでおり、時間の経過のおかげで木の色が深まり、艶やかな温かみを醸し出している。どのテーブルも合席制になっているので、〈私有地〉はなく、小さな〈共有空間〉が点在しているという具合である。また、「斎藤酒場」は東京の名店なのに、つまみも驚くほど安い。合席のテーブルや激安の値段設定においては、確かに大衆酒場と呼べるが、あまりにも品格のある内装のため、「古典酒場」と呼びたくなる。

BGNの有無

最後に、読者の皆さんにもうひとつ試していただきたいことがある。まず、三回以上入ったことのある居酒屋を数軒思い出していただきたい。そして、一軒一軒を思い起こしながら店内に音楽が流れていたかどうか、もし流れていたならば、どういうジャンルの音楽だったか——店によっては、音楽の代わりにテレビがついていることも少なくないし、いまだにラジオをつけている場合もある。それらを含めて思い出していただきたい。

私はそれらの音を総じて「BGN」——「バックグラウンド・ノイズ」と呼んでいる。皆さんに店内のBGNを思い出していただいた狙いは、次回、新しい居酒屋に入るとき、BG

Nの有無をすぐに意識してもらうことにある。そして、さらなる狙いは、BGNが一切流れていない居酒屋の居心地のよさを、認識していただくことである。

注意して耳を傾けると、貫禄溢れる大衆酒場でも、渋い老舗の名居酒屋でも、音楽にせよテレビやラジオにせよ、BGNが一切流れていない店が意外に多いことに気づく。東京では前記の「斎藤酒場」と「まるます家」のほかに、根岸の「**鍵屋**」、神楽坂の「**伊勢藤**」、湯島の「**岩手屋**」、木場の「**＊河本**」、大塚の「**江戸一**」、三ノ輪の「**中ざと**」および「**遠太**《えんた》」、王子の「**山田屋**」、横浜市では野毛の「**武蔵屋**」などが挙げられる。また、国立の「**＊まっちゃん**」のように、中央線沿線にも、BGNなしの年季の入った渋い居酒屋がたくさんあり、京都にも少なからずある。仙台の「**源氏**」もそうである。百年の歴史をもつ名古屋の「**大**《だい》**甚**《じん》」は、BGNはないものの、テレビが無音のまま ついていることが意外に感じられた。

言うまでもなく、ある程度年季の入った店は、テレビや有線放送の普及以前から営業しており、店の伝統を大事にする意味でBGNを導入していない場合もあろう。また、「まるます家」のような賑やかな大衆酒場の場合、すでに店内の音量がかなり上がっているため、BGNが流れていたとしても聞こえないはずだから、何の効果もないだろう。

だが私は、この時代にあえてBGNを導入しない居酒屋は、〈貫禄〉と〈けじめ〉があるゆえにそれができる、と考える。つまり「うちは人間のいる場所だ。機械の雑音など要らない」と言わんばかりの潔さと自信が感じられるのだ。

もし貫禄溢れる渋い店が好みだったら、ＢＧＮが一切ない居酒屋を探せば手っ取り早い。というのも、現在の日本でＢＧＮに頼らない居酒屋は、おそらく全体の五パーセントにも満たないだろうからだ。主流に抵抗するだけの自信のある店が、特別な雰囲気を醸し出していたとしても、さほど不思議なことではないだろう。

ところで、いつからＢＧＮが店内で流れていないと、「寂しく」感じる人が増えたのだろうか。私自身は音楽とは比較的深い関わりをもっており、ピアノを弾いて（ギリギリ）食べていた時期もあるから、何も音楽嫌いというわけではない。それでも、居酒屋でのＢＧＮは無用に感じる場合が多い。また、ジャズ愛好家として言わせてもらうが、ジャズ音楽が「大人の雰囲気」を醸し出すために、お決まりのＢＧＮとして流されていることも、別にうれしくない（カントリーやＪ‐ＰＯＰよりはありがたいが……）。いずれにせよ、いい居酒屋では店主や客たちが店内の雰囲気を築き上げているので、ＢＧＮなど余計に思える。そして、多くの古典酒場でも同じように考えられているようである。

最後に、テレビについて一言述べたい。私自身は長年テレビをもっておらず、ほとんど見る気もしない。それこそテレビがわが目に入るのは、居酒屋でついているときくらいである。

そういうこともあり、店内のテレビに対してずっと否定的だったが、最近考え方が少し変わった。はじめは、テレビをうるさく感じただけでなく（その点はいまも変わらないが）、客同士の会話を妨げるものと見なしていたため、いっそう批判的だった。ところが、いろいろな居酒屋を観察しているうちに、テレビがついているおかげで、スポーツであろうとニュースであろうと、番組のネタを媒介に会話を切り出しやすく感じる客もいることに気づいた。そのような客にとって、テレビは周囲の客との会話の邪魔になるというより、話を交わすきっかけになるわけだ。私自身はそのようなきっかけを必要としないが、テレビには、会話を弾ませることにより、店内の雰囲気をよくする役割もありうる、と反省を促された次第である。

したがって、居酒屋にはテレビも音楽も無用だとは断言できないが、ぜひともＢＧＮのない居酒屋に挑戦していただきたい。たまには居酒屋においても、沈黙は金なり。

第六章　〈人間味〉——居酒屋の人々

居酒屋は何よりも〈人〉である。つまり、カウンターの内側と外側の人々によって成り立っているわけだ。店主や店長の人間性に惹かれる客が自然に集まってくるし、常連客が定着してくるにつれてその店独自の雰囲気が生み出される。一見客、そしていつも三、四人でテーブルを囲み、自分たちのみの世界に浸って帰るような客にとって、〈店〉は品書きに列記されている〈物〉に等しいかもしれない。しかし、ひとりかふたりで入り、カウンター席に座る常連客にとって、〈物〉だけではその店の魅力を語りきれない。彼らは店主や店長、それにほかの常連客と一緒に時間を過ごしたいがために来ているという側面も見逃せない。

本章では、店内の多様な立場とタイプの人々に焦点を当てることによって、居酒屋の多面性を新たに認識し、また居酒屋における〈人間味〉の重要性を確認したい。さまざまな「店の人」を取り上げるついでに、それに関連する諸問題も考察する。だが、その前に対極的な反例として、大型チェーン店についてもう少し触れておく必要がある。

大型チェーン店居酒屋

最近は、チェーン店居酒屋の業態もかなり幅広くなり、同じ系列でも高級志向の店からどんちゃん騒ぎできるような店まで、細分化の傾向が見られるようになった。だから「チェーン店」として一括りに捉えることはしにくい。それでもおおよその共通点は確認できると思う。

まず、チェーン店居酒屋の規模と構造に留意したい。

同じチェーン飲食店でありながら、牛丼屋やラーメン屋などは比較的店の規模が小さいが、チェーン店居酒屋の場合、それらと同規模の店はごく稀にしかないように思う。それは言うまでもなく、牛丼屋などはファストフード店だからである。つまり、悠々と呑み喰いするのではなく、さっさと食って帰ることが暗黙のうちに了解されているわけである。換言すれば、ファストフード店――とりわけカウンターのみのファストフード店――は使用目的が非常に限定されているということができる。居酒屋のごとく食べたり、呑んだり、友人と談笑したりするのではなく、注文したものを黙々と消費するのみである。

しかし、個人経営の居酒屋では小ぢんまりした店が多いのに、どうして小規模のチェーン店居酒屋が成り立たないのだろうか。理由はいろいろ考えられるが、やはり通常の赤提灯に比べ、酒とつまみを安く出すことを目指している以上、そしてファストフード店のような客の回転率が期待できない以上、自然に規模を大きくする必要が生じるからだろう。それでも、個人経営の店ではあまり見かけない「時間制飲み放題」などによって、回転率を上げようとする試みも見られる。

店内の構造で注目すべきは、カウンター席よりもテーブル席や座敷席が多いことだろう。それによって、ひとり客があまり来店しないから（そもそもチェーン店居酒屋でのひとり呑みほど寂しいものはないだろう）、店員は団体客から効率よく注文を取れるし、会計もまとめて済ませられる。おまけに座敷席ならかなりの客数を押し込むこともできる。利益および効率を重視するならば、ひとり客に敬遠されるのは様々な側面で理にかなっているだろう。そして、そういう経営姿勢が、店内の構造および体制によく反映されている。

大型チェーン店が、現在日本の居酒屋文化の一端を成していることは否めない。また、少なからぬ利点があることは否定しない——大人数で出かけるときは確かに便利だし、周囲の客や店員にさほど気を遣わないで済むので、それを居心地よく感じる人もいるだろう。味もけっして悪くないチェーン店もあるらしいし、いわゆるコストパフォーマンスがよいと感じる人もいるだろう。

だが、私はチェーン店居酒屋で呑みたいとは思わない。チェーン飲食店王国であるアメリカで育ち、マクドナルドの出現も同時代に経験した私は、チェーン店の功罪を長年にわたり身近で体験し、観察もしてきた。もちろん、飲食文化が日本とアメリカでまったく異なることは百も承知しているし、それは両国のチェーン店についても言えることである。それでも、大型チェーンの飲食店が普及しすぎることは、「功」よりも「罪」の方がはるかに大きいと確信している（ただし、地元型チェーン店や、地方の小さな町における大型チェーン店の問題は、別に考えなければならないと思っている）。

チェーン店に対する私なりの批判を挙げはじめたらきりがないが、とりわけ〈者〉よりも〈物〉に重点がおかれていること、言い換えれば〈店〉であるよりも〈企業〉であるということが最大の欠点であり、現在の居酒屋文化が直面している最大の脅威でもある、と考える。

いまさら企業そのものを否定しても仕方がないし、そのつもりもない。ただし、利益および効率至上主義があらゆる側面を支配している都会の大型チェーン店居酒屋では、各店舗に独自のアイデンティティも感じられなければ、立地している街に根付いているようにも思えない。仮に、〈交流の場〉としての居酒屋という側面を脇においたとしても、大型チェーン店では人間一人ひとりの価値があまりにも低すぎるように感じられてならない。前章で論じたとおり、大型チェーン店では、客は一個人ではなく、あくまでも顧客にすぎないし、さらに従業員も次々と入れ替わる。店長や厨房で働く人たちでさえ、辞めたら後任を雇えばよい――どうせ、仕入れ先も品書きも料理法もおおよそ決まっているから、ちょっと経験のある料理人なら誰だって、訓練さえ受ければすぐに務まるだろう。

また、よく指摘されるように、チェーン店では従業員が客に対してマンネリ化した接客姿勢を見せ、マニュアルどおりの特異な言葉遣いを披露することもしばしばである。「普通の居酒屋」に慣れている客からすれば、これだけでも食欲を損なわれかねない。

私もそのように感じるひとりだが、そういった批判で見逃されがちなのは、従業員自身の気持ちである。すなわち、ロボットのような言葉遣いを強要されている以上、接客に身が入らないのも当然であり、そもそも職場に対するプライドや愛着が湧かず、働いていてもさほどおもしろくないだろう。だから、少し働くと未練もなく辞めていき、代わりに次の「社員」が入ってくるという構造ができあがる。店側がそれを黙認しているというより、そのような構造の上に大型チェーン店は成り立っているのだろう。

近年、大型チェーン店居酒屋は、人間味の薄さとは裏腹に、物理的な面での店内の雰囲気づくりにかなり力を入れているように思える。内装や照明に対する細かい気配りによって、チェーン店なのになかなか風情のある店もずいぶん増えた。ただし、せっかく渋い空間づくりに成功しているのに、時間制飲み放題でどんちゃん騒ぎする団体客には豚に真珠だろう。

また、まるでＦＢＩのごとく、片耳にイヤフォン、口許に小さなマイクを付け、常時厨房と連絡を取り合っている黒ずくめの従業員たちの姿を目《ま》の当たりにすると、スパイ映画の撮影現場にでも迷い込んだような錯覚を覚え、とても落ち着いて呑める気分ではない。


言うまでもなく、チェーン店居酒屋にも例外は多々あり、以上の批判には私自身の偏見が少なからず含まれている。それでも、立ち呑み屋や大衆酒場、そして小ぢんまりした赤提灯に代表される日本の居酒屋文化の魅力だけは、到底チェーン店には真似できないと思う。

それだけ大型チェーン店居酒屋に敵愾心《てきがいしん》を抱いている私だが、さすがにあの営業戦略のしたたかさには脱帽せざるを得ない。最近急増している「個室」が好例だ。従来の飲食店では、個室があるのは料亭など、高級店に限られていたはずなのに、近年のチェーン店居酒屋は、その高級感を手ごろな値段で提供することで、客たちにプライバシーと共に特権的な身分を与えてしまうわけである。

確かに、他者との接触をなるべく避けたがる客にとって、個室は好ましいのかもしれない。あるいはデート（浮気？）にも向いていると言えるだろう。しかし、本来の居酒屋は料亭とは違い、様々な他者と同じ空間を共有することで成り立っているはずである。個室制度の導入が反映しているのは、居酒屋という場に付随する〈社交性〉からの逸脱願望ではないだろうか。もし、そうだとしたら、これは何も居酒屋に限る問題ではなく、社会全体が直面している問題として考える必要があろう。

店側の人々

「Kさん」（東京）

「Kさんはどうしたの？　しばらく見ていないけど……」

「身体の調子がよくなくて、ずっと休んでいるよ」

「やはり、そうか。大丈夫かね？」

「まだ、よく分からない。正直に言えば」
「そうか、心配だね」
「そうなんだよ。皆が心配しているんだ」

以上は東京の小さな焼き鳥屋で、私と従業員との間で交わされた会話である。大した話ではないように思われるかもしれないが、私はこのやり取りに居酒屋のもっとも重要な機能を見出せると思っている。すなわち、客であろうと店主や従業員であろうと、一個人として大切にされていることが再確認できるという機能である。

まず、状況説明をしよう。「Kさん」とは、その焼き鳥屋の店長を長年務めてきた五十代半ばの男である。地元のチェーン店居酒屋とは言え、その店舗自体は約半世紀、その町に根付いている。店内外にはまったく飾り気がなく、あえて言えばやや汚い店である。つまり、誰が見ても通常のチェーン店居酒屋とは思えない。また「Kさん」も、常連客も、店に対する所有意識（＝「ここはオレの店だぜ！」）が非常に強く、客にとって「Kさん」は店主同様の存在である。

店はかつて闇市があった路地に立地しており、いまだにその面影が残っている——周辺は雑然としており、店自体の規模はごく小さく、表には壁も戸も窓もないので路地にさらされたオープンな構造である。

焼き台の前には三、四人用のボロいカウンターが設置されており、「店内」と同様に丸いパイプ椅子が並んでいる。客の多くは常連だが、とりわけ焼き台前のカウンター席は、常連の占有地だと言える。カウンターが半分路地にはみ出しているため、客は店内で呑んでいるのか、路地で呑んでいるのか曖昧な状態になり、〈店〉と〈街〉を同時に味わえるという趣《おもむき》がある。

「店内」には、六、七人が座れる小さなカウンターが二本、焼き台の両脇から平行に延びている。その間は一メートルほどなので、親密な空間になっている。二本のカウンターは焼き台前のカウンターとはつながっておらず、三本が構成する形は「途切れたコの字」と言えよう。

二本のカウンターの後ろが壁になっており、片方の壁の向こう側には小さなテーブル席の部屋がある。ふたり以上の一見客や、三人以上の常連客が案内される。だが、常連客にとって、店の核心はあくまでも焼き台を囲む三本のカウンターにある。二十数年間、そのカウンターのなかで「Kさん」は絶え間なく串を焼き、隣の部屋に行き来する従業員たちから注文を受け、また彼らに指示しながらも、カウンターを囲んでいる常連客とウイットに富んだ愉快な会話を交わしてきた。どんなに忙しくても、いつも余裕がありそうに見える。長年の経験によって培われた〈貫禄〉ゆえの余裕である。

「Kさん」の貫禄が客たちに微妙な安堵《あんど》感を与えていたようにも思われる。荒波が寄せてこようと、必ず向こう岸まで無事に送ってくれる船頭のような存在だった。だからKさんが突然、店に姿を現さなくなったとき、常連客は彼のことを心配すると同時に、自分自身の生活のバランスが急に揺るがされてしまったような不安に駆られた――それまで安心して乗っていた渡し船がいきなり激しく揺れはじめたのに、頼りにしていた先頭の姿はどこにもない。

その後、「Kさん」の代わりに別の従業員が焼き台に立つことになった。だが、いくら串を上手に焼き、そして同じ酒を出してくれても、以前ほどおいしく感じられない。

居酒屋大道芸人（札幌）

店を評価するとき、いろいろな基準がある。たとえば、ネットのグルメサイトや書店に並ぶ居酒屋ガイドでは、誰しもが「何々が旨い！」というような意見を平気で書くのに、「何よりもこの店が楽しかった！」というようなコメントはめったに見られない。確かに、あまりにも主観的な感想なので書くことをためらうのだろうが、既述のとおり、人によって味や雰囲気に対する評価も分かれるから、そもそも店を評価しようとする以上、主観論は避けられない。あるいは、味に比べて「楽しさ」はその時々によってだいぶ変わるから触れにくいということも考えられる。つまり、今夜は楽しかったが、たまたまおもしろい人たちに囲まれたおかげであり、次回は予想がつかない、と。

それでも、私は楽しく呑める店――とくに一見客だったにもかかわらず、本当に楽しかったような思いが残る居酒屋――を重宝したい。言ってみれば、旨い店はたくさんある。それこそ日本の居酒屋文化のすばらしいところのひとつである。さらに、本書に登場する数々の店がそうであるように、安くて旨い居酒屋というのは、大都会であろうと地方都市であろうとけっしてめずらしくない。しかし、一見客なのにカウンター席に座って店主や常連客と一緒に笑えるような店は、そう多くはないだろう。

一度しか入ったことがないから断言はできないが、札幌の地下鉄東西線円山《まるやま》公園駅の近くにある素朴な焼き鳥屋「**鳥孝**《とりこう》」は、そのようなめずらしい店のように感じられた。少なくとも、私の経験では、カウンター席に腰をかけた瞬間から立ち上がって帰るまで、痛快な時間が絶え間なく流れていた。やや遅い時間に入ったためか、カウンター周辺はすでに盛り上がっていた。私を快く会話に入れてくれた常連たちにも感心したが、何よりも店主の陽気な性格が印象に残っている。たとえば、彼は調子に乗ってくると、いきなり歌を披露する。しかも、単なる歌ではなく、火箸をマイク代わりにして、間奏は「ハートランド」のビール瓶を吹いてつなぎ、どうやっていたのか分からないが、パーカッションまで加えていたようである。「大道芸」と呼ぶべきか、「お座敷芸」と呼ぶべきか迷うところだが、まことに鮮やかなものだった。

けっきょく、あのとき注文した酒とつまみの内容はすっかり忘れたし、店内の様子もほとんど記述できない。小ぢんまりした店だということはさすがに覚えているが、たとえば小上がりや二階があったかどうかも、BGNの有無や店内の照明の具合なども、まったく記憶にない。ただ、眩《まぶ》しいほど明るいひとときを与えてもらったことだけは、当分忘れそうにない。

居酒屋の女性たち（東京・横浜）

居酒屋は主として男の世界だと言える。ただ、男の聖地のような濃い雰囲気の呑み屋にも、いつからか女性が現れるようになり、現在ではもはやめずらしくなくなった。そもそも店を切り盛りする女性店主は、以前からよく見られたし、しかもおでん屋や小料理屋などに限らず、「**＊まるます家**」のような活気溢れる大衆酒場でも、女性たちが店内を仕切っていることもある。

「まるます家」の女性たち以外で、私にとってもっとも印象的な居酒屋の女性たちは、皆高齢である。木場の「**＊河本**」の女将さん、そして私が訪れた一カ月後に焼失した、王子の「さくら新道」という怪しげな呑み屋街でおでん屋を切り盛りしていた九十二歳の女将さん。この女将さんについては、『呑めば、都』に書いたので、ここでは省略する。その代わり、横浜市野毛にある「**武蔵屋**」の九十一歳（二〇一三年七月現在）の女将さんについて、少し触れたい。

「武蔵屋」は居酒屋の名店であり、これまでいろいろなメディアで取り上げられてきたようだが、まず簡単に店について記述しよう。店舗は一九四六（昭和二十一）年、つまり終戦の翌年からそのまま残っている一戸建てで、表には看板も出ていないが、開店の三、四十分前から行列ができているからわかりやすい。店内には六人が座れるカウンター席、四人用のテーブルが二台、奥にはおおよそ十人が座れる低いちゃぶ台が並ぶ座敷がある。BGNは一切なく、客たちの静かな会話が心地よく店内に響き渡っている。テーブルとちゃぶ台は合席制だが、「大衆酒場」と呼ぶには規模が小さく、また品格が溢れすぎているようにも感じる。酒は三杯までという決まりがあり、品書きもなく、「一通り」の素朴なつまみがちょこっとずつ出されるだけである――おから、玉ねぎの酢漬け、湯豆腐、納豆、おしんこなど。控えめな店内の雰囲気にぴったり合うものばかりである。

私は居酒屋の前ではめったに並ばないが、「武蔵屋」ならいつ並んでもいいと思っている。これほど気持ちが落ち着く、潔い居酒屋はごく稀になってきたからである。年季の入った静《せい》謐《ひつ》な佇まいもすばらしいが、何よりも小さな体の女将さんの存在が絶大である。九十一歳でいまだに店内を動きまわり、優しい口調で客に声をかける。その声を聞くだけで穏やかな気分になる。

初めて入ったときの帰り際に、私は感動のあまり、「本当にいい店ですね！」と女将さんに心をこめて言ったら、「それは、いいお客さんに恵まれているおかげですよ」との言葉が返ってきた。いかにも決まり切った返答に思われるかもしれないが、「武蔵屋」の女将さんに言われると、素直に受け止めるほかない。そして、また新たに感心させられるわけである。「武蔵屋」のような素朴で古い酒場が次々と姿を消しつつある。帰路につきながら、あの店はいつまで続くことやら？　と懸念せずにいられなかった。長年通い詰めてきた常連たちにとっては、いっそう切実な問題にちがいない。

さて、老舗の名物女将さんだけに触れていると、居酒屋の栄光は過去のみにありという印象を与えかねない。だから、つい最近、感心した若い女性従業員について触れよう。

自宅近くに、二十人も入れない小ぢんまりした常連中心の赤提灯がある（のれんと提灯は白だが、雰囲気も価格も赤提灯並みだ）。店内はかなりごみごみしており、いかにもローカルで庶民的な店という印象を受けるが、聞いたところによると、店主は以前、銀座の有名な料理屋の厨房を担当していたそうで、確かに腕はよく、手の込んだ美味なつまみを出してくれる。

ある日、私が九時過ぎに入店すると、ほかの客は入口付近の座敷席でくつろぐ親子四人だけだった。半分横になっており、いかにもアットホームな雰囲気に見える。店主も隣に腰をかけて一緒に呑みながら会話していたので、きっと近所の友だちだろう。

私がカウンター席に向かうと、店主はすぐに立ち上がり、カウンターの内側の厨房に戻り、バイトの女の子が飲み物の注文を取りにきた。その女の子が、まだ高校生にもかかわらず、きちんとした言葉遣いをしようとしていて、その姿勢が何とも頼もしかった。「ご注文はお決まりでしょうか」はともかく、頼んだビールを運んできたとき「ビールでございます」と言ったことに感心し、つい褒めてしまった——「君は高校生ですよね？　しかし、それにしては言葉遣いがしっかりしているじゃないか。大学生のバイトでも『ビールになりまーす』とか平気で言っているのにな」と。すると、彼女はやや照れながら、「ありがとうございます。気をつけています。私もそういう言い方はちょっとおかしいと思っていますから」と答えた。まだ、酒も呑めない年齢ではあるが、周囲をよく観察し、自分なりに考えている。

居酒屋の未来に、期待を寄せたくなるときもある。

柔道家（金沢）

金沢の柿木畠《かきのきばたけ》商店街にある「**いたる**」では、能登半島で獲れた新鮮な魚介類、そして石川県と富山県の純米酒がいろいろ味わえる。市内には、姉妹店を二店舗出しているが、私は本店にしか入ったことがない。二十五人が座れる座敷席もあるが、十七人用のカウンターがあらゆる意味で店の中心を占めている。

五年ほど前、この店の並びにあるジャズ喫茶「もっきりや」の店主に推薦されてから、金沢を訪れる度に「いたる」に行くようにしている。いや、正確に言えば、金沢にはだいたい

二、三泊しかできないし、しかも頻繁に訪れるわけではないから、市内の居酒屋をいろいろ試してみたいと思いつつ、けっきょく「いたる」に必ず二度行ってしまうのだ。

ざっと内装を見るだけだと、高級志向の大手チェーン店居酒屋を連想するかもしれない——かなり上品な造りで、きれいに手入れされている。また、照明も柔らかく、若い従業員が数人働いている——だが、よく観察すると、チェーン店との大きな相違点が浮かび上がる。まず、通常のチェーン店でバイトしている若者と違って、「いたる」の従業員たちの仕事に対する意気込みはすがすがしく、客に対する気遣いも細かい。また、チェーン店のように芝居めいた、マニュアル化された言葉は使っておらず、自然に個性が表れているように思う（そう言えば、チェーン店居酒屋の矛盾のひとつに、従業員たちに名札を付けさせながらも、マニュアル通りの接客ルールで束縛しているために、各自の個性が表れにくいという点が挙げられる）。

さらに「いたる」の店内をよく見まわすと、チェーン店ではなかなかお目にかかれないものが目に留まる。店主の子供の写真や、本人が柔道の指導者を務めていたころの写真や感謝状など、つまり店主の個人生活を垣間見られるようなものが飾ってあるのだ。チェーン店では、まず店主がほとんど不在、店長もよく入れ替わるため、個人の匂い——あるいは「人間臭さ」自体――を排除する方針が自然にできあがっている。

　後で分かったことだが、「いたる」は金沢ではかなりの有名店であり、長年通い続けてきた地元の常連客に加えて観光客にも人気がある。普通、そのような店はつまみの味が落ちなくても、店内の雰囲気がどうしても変わり、従来の落ち着きが失われるから、常連客の足が徐々に遠のいてしまう傾向にある。その結果、店がいわば「居場所」から「一度行ってみたい店」に変貌してしまうきらいがある。換言すれば、第三の場から消費の場へと変容してしまう、と。

　ところが、少なくとも本店のカウンター席は、ちょっと遅い時間になると常連客の姿が増えてきて、落ち着いた雰囲気が漂う。やはり、「場慣れ」している客だと、初めから肩の力が抜けていて喋り声も高くない。一見客でも、居酒屋という〈場〉によく慣れていれば同様に落ち着いて呑めるが、普通の観光客――とくに居酒屋経験の浅い人――は、どうしてもテンションが高くなりがちである。だから東京の名店居酒屋であろうと、「いたる」のような地方都市の人気店であろうと、曜日と時間帯を選ぶことがうまい使い方だと思う。時間帯を少しずらすだけでも、店の味わいがずいぶん変わることがしばしばあるからだ。概して言えば、早い時間帯を好む年配の常連客を除けば、多くの居酒屋では遅くなればなるほど常連客の比率が高くなるように思える。

　さて、店主に話を戻そう。個人経営の店の店主のひとつのステレオタイプが、「頑固親仁」だが、「いたる」の店主は非常に愛想がよく、人当たりも柔らかい。とは言え、カウンターの内側で活きのいい地魚を丁寧に捌きながら、常に周囲に目を配っている。優しい笑顔は変わらないが、まるで鷹のごとく店内のあらゆる動きを敏感に受け止めていることが分かる。たとえば、客が箸を落とすと、店主は瞬時に気づくが、従業員も気づいているかどうか一拍おく。もし気づいていなければ、優しい言葉で取り換えるように指示する。

　また、私がカウンターで呑んでいたときのことだが、奥の座敷の若い団体客が調子に乗りすぎて、ひとりが叫び声まで上げた。それにぱっと反応した店主は、いつもの落ち着いた表情でさっと歩いていき注意したらしい。カウンター席からその場面は見られなかったが、二度と大声は聞こえなかった。感心した私は、しばらくしてから「ところで、先ほどは何と言って注意しましたか？」と尋ねた。すると、その場面を再現するかのように、笑顔をつくりながら、いかにも優しい口調で「ほかのお客さんのご迷惑になりますから、もっと静かにお願いします、と言っただけですよ」と言う。それでも効果抜群だったから、やはりこれも〈貫禄〉だと言わざるを得ない。まさに、能ある鷹は爪を隠す。

「いたる」を出て街を歩いていたら、ふと思いついた。店主が柔道家だったということは、あの店特有の雰囲気をつかむための鍵ではないかと。店主は、だいぶ前に柔道の稽古に通わなくなったそうだが、きっといまも毎晩のように「柔らかい道」の奥義を静かに披露しているのである。

一見客・常連客

居酒屋観光客

居酒屋経験が豊富になってくると、一見客なのに常連客に間違えられることがある。よっぽど異色の店でない限り、似たような店に入った経験があるから、店内の「空気」を速読し、すんなり溶け込み、落ち着いた気持ちで呑めるからだろう。そういった素養は、客側の〈貫禄〉と見なせるかもしれない。

逆に、まるで観光気分で居酒屋巡りをしている人が最近ずいぶん増えたようだ。

誤解のないように確認したいが、〈居酒屋巡り＝居酒屋観光〉だと言っているわけではない。同じ一見客でも、入った店に対する消費欲のみならず、その場所および人々に対する好奇心や、常連客の大切な居場所にお邪魔しているという自覚をもって接するならば、だいたい気持ちよく受け入れられるし、私は観光客と見なさない。ところが、初めて足を踏み入れた店なのに、「旅の恥はかき捨て」のごとく、周囲の人々におかまいなしに無神経な観光客ぶりを披露する人がよく目（と鼻）につく。

私が初めて秋津周辺で居酒屋探訪したとき、さっそく一軒目でそのような客に遭遇してしまった。現在、私が住んでいる国立から武蔵野線の新秋津駅まで行くのに、隣の西国分寺駅で一回乗り換えて、そこからたった二駅だから意外に近い。ただし、中央線のスノビズムからすれば、武蔵野線はダサい、競馬場などに出かけるときでもない限り、誰がそんな沿線に出かけるか、ということになろう。だが、私は国立の知人に、秋津には庶民的ないい居酒屋がけっこうあると聞いていたので、ひとりで探索しに出かけたわけだ。そして、最初に入ったのが、知人に推薦されたモツ焼きの立ち呑み屋「**野島**」である。推薦されたものの、事前に店の情報を見ずに出かけたので、有名店だとは知らなかった。ところが、一杯目を呑みほす前に、隣の客の会話から否応なく知らされた――。

「あっ！　おいしぃ！　『野島』にずっと来たかった!!　あ、よかった!!　ほら、あなた、おいしいでしょ?!」

甲高い声で野暮なセリフを連発する唯一の女性客が、不運にも、私のすぐ隣にいた。六十歳前後の夫婦で来ていたが、旦那はほかの客たちと同様に静かに呑んでいた。彼が内心どう思っていたかは分からないが、あまり返事をしなかったせいで彼女の独り言が止めどなく私の耳を撃ち続けた。

本当は、同じ一見客として、一喝してやりたかったが、何とか堪《こら》えることができた。その代わり、いつも持参している小さなノートに言いたいことを書き留めた——。

「おい！　ここは初めて入った店だろ？　周りの客がみんな静かに呑んでいることに気づかないかね？　いい歳して、女子高生みたいにキャーキャー騒ぐなよ！　ったくも！」

などなど、言葉も筆致もだんだん乱暴になっていく。

彼女さえいなければ、ずいぶん楽しめる店だったのに、早々と退散してしまった。もちろん、問題は女性であるということではない。いろいろな「濃い」大衆酒場で女性客を見かけるし、店の雰囲気に適した呑み方ができる女性がいることは確認済みだ。だから「居酒屋観光客」は必ずしも性別や世代などで決まるのではなく、けっきょくは経験、観察力、そして感受性の問題だと言える（ついでに、これを「居酒屋の３Ｋ」と名付けよう）。

いずれにせよ、ひとりの無神経な居酒屋観光客のおかげで、せっかくの「野島」初体験がだいなしになってしまった。近いうちに、呑み直しに出かけよう。

読書家

前述の「Ｋさん」の焼き鳥屋には、入店してから帰るまで、ずっと読書に耽っている常連客がいる。当然、酒とつまみは注文するが、何度も見かけているのに、彼の名前は聞いたことがないし、ほかの客と言葉を交わす場面も、一度たりとも目撃したことがない。そう書くと、ずいぶん冷たい人、または引っ込み思案な人だと思われかねないが、別にそのような印象もない。ただ、家に帰る前に、一杯やりながら静かに本を読みたいだけのように思える。

読書を嫌がる居酒屋は少なくないし（「ここは図書館じゃないゾ！」と）、とくに立ち呑み屋や大衆酒場ではその方針は理解できる。だが、本を読める酒場もあるとありがたい。私自身もたまに、居酒屋のカウンターで酒を呑みながら読書や執筆に没頭することがある。だから、自己正当化という動機もあるかもしれないが、迷惑をかけない限り、周囲の会話に関係なく自分ひとりの世界に浸る客もいていいのではないだろうか。とりわけ「Kさん」の店の読書家のごとく、ちょっと立ち寄って、カウンター席で一杯ひっかけながら少し本を読んで潔く帰るのは、居酒屋のうまい使い方のひとつだと思う。

ただし、まことに勝手ながら、本の代わりにケータイを凝視している客だと、なぜか見ているだけでイライラしてくる——「せっかくいい店に来ているのに、何やってんだよ！」と。思えば、その客も読書家と同様に、適当に酒とつまみを注文し、ヒンシュクを買わないペースで呑み喰いし、周囲に迷惑をかけているわけでもなければ、周りの会話を迷惑がっているわけでもない。だが、本ではなくケータイだと、私にはどうしても拒否反応が起きる。いったいなぜだろうか。

まず、すっかりウルサイオヤジと化した私が、同世代の人々に比べても、ケータイに対する偏見と敵愾心を強く抱いていることは素直に認めよう。とくにケータイメールに対する反感が強烈である。たとえば、歩いたり自転車に乗ったりしながら、ケータイに目が張りついたまま私にまっすぐ向かってくる奴がいると、蹴っ飛ばしたくなるほど不快に感じる（「なぜオレがテメエにいちいち気を遣わなければならないのかよ?!　いい加減ケータイをしまって前を見やがれ！」と）。

しかし、私ひとりの偏見だけなら、ここで話を持ち出すにはおよばないが、たとえば赤羽の「＊いこい」は短冊に「携帯電話・メール　一切お断りいたします」と明記しているし、ほかに大塚の「江戸一」や南千住の「大林《だいりん》」なども、似たような方針をとっている。「いこい」は立ち呑み屋だから、おそらく読書も禁止するだろうが、さすがに立ち呑みしながら小説を読もうとする客はあまりいないと思う。「江戸一」では本をケータイと同様に禁じるかどうか分からないが、注意事項として明記していないので問題にはなっていないのかもしれない。

確かに、店内での読書を嫌う理由はある——夢中になるあまり、さほど注文しないで長居することもあろう。また、店主から見て、本を読み耽っている客は、ある意味で店自体を拒否しているように感じられることもありうる。つまり、そんなに別世界に浸りたいなら、わざわざうちの店に来なくてもいいだろう、と。

それでも、ケータイと本とは少し違うように思う。周囲の客からは、同じように自分ひとりの世界に没頭しているように見えるだろうが、本に夢中になっている人はほとんど不動のままでいるから、言ってみれば店内に飾られた彫像のような存在だ。ところが、ケータイをカウンターにおいている客は落ち着きがないから、見ている自分まで落ち着かなくなる——メールが来たら、ひとりでニタッと笑いながら読み、今度は慌ただしくボタンを押しはじめる。やっと返信が済んで落ち着いたかと思いきや、また始まる。本当に居酒屋という別世界に浸りたいならば、別の場所にいる人ともつながる必要はないだろう。そういう態度は店も周囲の客も否定しているように映る。

そして周知のとおり、居酒屋でケータイを出して、注文したつまみの写真をパチパチ撮りたがる奴が多い。それこそ証拠写真を集める観光客そっくりではないか。さすがに、本にはそのような機能はついていないから、そわそわしているケータイ依存症たちに比べて読書家はだいぶマシに思える。

庭師

私がたまに顔を出しているモツ焼き屋で、よく見かける男がいる。五十代半ばの体格のよい常連客である。最近になって、彼が庭師だということを知った。だいたい八時前後に現れ、コの字型カウンターの端っこの方に座る。つまり、入口、そして店の中心である焼き台から一番遠い席を選びたがるわけだ。

常連客の多い居酒屋では、人間が「習慣を作りたがる動物」だということを改めて認識させられる。この庭師のみならず、常連客は皆同じ席に座りたがるのだ。その気持ちは理解できる――同じ席だと、視界や、店内の音量や、ほかの客からの距離感などを予想しやすく、余計な神経を使わずに済むからだ。

また、焼き台前であろうと端っこであろうと、選ぶ席によって、ある程度その人の性格を垣間見ることもできるからおもしろい。

とりわけ端っこを好む庭師の場合、性格がよく表れているように思える――口数は少ないし、大声を出すことはまずない。必ずひとりで来て、軽くつまみながら呑んで、一時間くらい経ったらひとりで帰る。実に潔い呑みっぷりで、何においても控えめのように見える。ただし、口数が少ないとは言え、完全に無口というわけではない。また、むっつりした厳格な表情を見せたり、「オレは男だから喋らない」というような自意識を感じさせたりすることもない。むしろ、ひとりで呑んでいても、顔の表情はいつも和やかで、周囲の話を耳にしながら微笑んでいることが多い。隣の常連客と会話しながら、たまに思いっきり笑うこともあるが、その場合でも、彼の笑い声だけはカウンターの反対側まで届かないところが、やや不思議である。

思えば、彼ほど「コの字」型カウンター特有の可能性を満喫している客は少ないだろう。店内の〈熱〉と〈情熱〉がもっともこもっている焼き台辺りから、心地よい距離感を保ちつつ、店全体の温かさにどっぷり身を浸し、いつも満悦の態である。また、その静かな笑顔も、店全体の明るい雰囲気に貢献しているように思う。あらゆる人が、様々な形で貢献できることも、「コの字」という構造ならではの効果だと言える。

ある日、彼が入ってきたとき、端っこの席が埋まっていたので、唯一空いていた私の隣の席に座った。カウンター中心の店だから、もちろんお互いに顔を知っているし、軽い挨拶を交わしたこともあるが、それまでに会話らしい会話を交わしたことはなかった。私が「きょうは指定席が取られてしまったようですね」と言うと、軽く苦笑しながら「そうですね」と答えた。彼と対極的に、私はお喋りでしかも目立ちたがり屋でもあるが、なるべく自制して、彼のペースに合わせて静かに話すように努めた。いつも早歩きする人が、のんびりした相手に歩調を合わせるように。

けっきょくあのとき、どういう話をしたのかよく覚えていないが、お互いに楽しく会話ができたように思える。その後も、端っこの「指定席」で静かに呑んでいる姿をよく見かけるが、目が合ったら、お互いにかすかな笑みを浮かべながら無言の挨拶を交わす。それだけで、今夜の酒がちょっと旨くなりそうな予感がする。

第七章　自分で穴場を嗅ぎつけよ（実用編）

最終章では、読者ご自身の「穴場を嗅ぎつける」という欲望を掻き立てたい。そこで、これまで取り上げてきた居酒屋の様々な側面に注目しながら、穴場探しに応用できる簡単なガイドラインをまとめてみた。その意味では、本章はこれまでの総括でありながら、「実用編」であるとも言える。そして最後に、ネット時代の現在、「穴場」という現象がどのように変容しているかについて軽く触れてみたい。

方向音痴の居酒屋GPS――モラ流穴場探しの「いろは」

まず、何も調べず、いわば「白紙」のまま出かけていい店を嗅ぎつけることには、いったいどんな能力が必要とされるだろうか。言い換えれば、「勘」とは何か。非常に神秘的な能力のように思われるかもしれないが、私は簡単に集約できるものだと考える。すなわち——。

「勘」＝経験＋観察

私は世界級の方向音痴である。子供の頃から体内のコンパスが故障しており、一生直りそうにない。いまだに自宅のすぐ近くでも道に迷うことがあるほどだ。それなのに、知らない街を歩いていて、いい居酒屋（そして喫茶店）を嗅ぎつける能力だけは人一倍あると自負している。優秀なゴキブリのごとく、求めている餌《えさ》を必ず嗅ぎつけられるわけである。その能力は、まさに豊富な経験に仔細な観察を加えたことに由来すると思う。

居酒屋に対する「勘」（あるいは「嗅覚」と呼んでもよい）は、誰でも身につけられると確信しているが、経験を積みながらも周囲に対して無頓着だと、なかなか進歩しない。また、いくら鋭い観察眼をもっていようと、ある程度幅広い現場体験を積んでおかなければ、応用の際に限界が生じる。

以下のガイドラインは、あくまでも私好みの居酒屋を探すときに役立ったものであり、読者一人ひとりの好みに合わせて調整する必要がある——このように理解していただきたい。

つまり、私にとっての「ガイドライン」であり、「鉄則」ではない。ご自分の感性と経験を活かしながら、内容を変えたり、追加したりすることをお勧めする。もちろん、ある程度、居酒屋経験を積んできた読者なら、このようなことはすでに常識となっており、無意識に実行していると想像される。

1、まず、我を知れ

本書をここまで読んでくれたならば、すでに自分の居酒屋に対する好みをある程度自覚しているはずである。とくに第五章の冒頭で提案した「実験」を試したならば、なおさらだろう。ただし、その日の気分や体調なども考慮しなければならないし、懐具合や、行き先の街の状況などによって選ぶ店が自然に絞られてくることは言うまでもない。とは言え、はじめからそのような諸側面を意識して出かければ、いっそう効率よく、求めているような居酒屋を嗅ぎつけられると思う。

2、街に注目せよ

居酒屋選びでは、街が豊富な情報源である。それを噛みしめるのに、また小さな実験をお勧めしたい。知らない街の飲食街を歩きながら、次の角を曲がったらどんな店があるのか、当ててみる。そして、どういうしるしによってそう考えたかを振り返るのだ。これを繰り返していると、だんだん〈街〉と〈店〉との関係性に敏感になってくると思う。

私の体験から具体例を挙げよう。すでに京都の「**ざんぐり**」に触れた。あの店もいわば〈街〉から捉えたと言える――周囲の街とは著しく異なる独特の怪しい雰囲気を醸し出していた「四富会館」がまず目を惹き、それから「ざんぐり」に気づいたわけである。東京都内で〈街〉に注目して〈店〉を選んだこともしょっちゅうある。渋谷での一例をまず紹介しよう。

山手線の主要な駅のなかで、私にとって一番なじみがないのは渋谷と品川である。だが、渋谷で友だちと呑むことになり、しかも、店選びは私に任されていた。友人は酒もあまり呑めないし、居酒屋探訪が趣味というわけでもないからである。彼は、その場で私に店を嗅ぎつけてほしそうだったので、偵察のために待ち合わせ時間の三十分前に着いて、当てもなく歩きまわった。近年の渋谷は以前にも増してバタ臭い呑み屋が目につく――バーやパブ、ワインバーもさることながら、イタリアンやスペイン風バルの店舗数が半端ではない。間違えてマドリッドで電車を降りたのではないかと思ったほどだ。

私はワインも地中海の料理も大好きだが、どの店もあまりにも流行に乗った、できたての「ファッション酒場」に映り、少なくとも我々のようなオヤジふたりが入っても落ち着かないに決まっているので、赤提灯に絞って探すことにした。ところが、小ぢんまりした赤提灯の選択肢が予想以上に乏しい。二十分くらい歩いて、やっと気になる一軒が目に入った。坂になっている袋小路の奥まった場所という立地条件、ちょっと古びた外観、「十徳」という店名に加え、看板に広島県の地酒の銘柄が記されているのも興味を引かれた。というのも、現在の東京では、酒処でありながら、広島県の酒を店の看板で宣伝する居酒屋が少ないからである。

しかし、何よりもその店が「普通の赤提灯」に見えたのが魅力的だった。こんにちの渋谷では、そもそも「普通の赤提灯」が「異常」になっているように思えるのだから。

のちほど友だちと「十徳」に入ったら、広島のみならず多数の珍酒が揃っており、さしみなども十分おいしかった。渋谷にしては穴場のように感じられたが、後で聞くと、渋谷の「十徳」は二号店で、本店は新宿にあるらしい。ただ、いずれにせよ、〈街〉を意識して〈店〉を選んだことには変わりない。

もうひとつの体験を紹介しよう。私の長年の居酒屋探訪のなかで、最も奇異な成功例だと言えるかもしれない。

ある夕方、よく知らない街を友だちとふたりで歩いていた。その友だちが以前、知り合いに連れていってもらった居酒屋に案内したいと言ってくれたのはよいが、店名も場所も覚えていないという。ただ、駅の南口からそれほど遠くないということは記憶にある、と。

普通なら、しばらく探し歩いて見つからなければ諦めるだろう。実際に十分ほど、ありそうなところを歩きまわったが、いっこうに埒《らち》が明かない。だが、友だちがちょうど諦めようとしたところで、私は「どんな店なのか、教えてくれる?」と頼んだ。「女性ひとりでやっている、落ち着いた小ぢんまりした店で、ちょっと小料理屋っぽい」と言うから、私は「もしかしたら、まっすぐ行って、あの角を左に曲がったらあるかもしれないから、行ってみないか」と提案した。もちろん、その辺りを歩いたこともなく、どんな場所なのかも知らない。

でも、実際に行ってみたら、ずばりだった。

これゾ、居酒屋GPS!——と自慢したいところだが、超能力でも偶然でもないと思う。店の輪郭と雰囲気を思い浮かべたら、街のどの辺りにありそうか見当がついただけだからだ。

たとえば、大型チェーン店はだいたい駅周辺の大通りに面しているが、小ぢんまりした一戸建ての小料理屋は、呑み屋街のなかでも、ガヤガヤした店やスナックが並んでいる道ではなく、少し閑散とした小道にある場合が多い。それは、いままでの街歩きや居酒屋探訪の経験から知っていたし、私が当てられたのは、そこが何となくそういう雰囲気の小道だったから、というだけのことである。

もちろん、外れていてもちっとも不思議ではないし、幸運が働いたことも否めない。それでも友だちは、大の方向音痴がなじみのない街をうろちょろしながら、見たことも聞いたこともない居酒屋を直感でずばり当てたので、感心したようである。

第四章の冒頭で書いたように、「店は街に位置している」から、常に店と街の両方に目を配っていれば、当たる確率が上がるのも当然だと言える。

3、表通りより裏通りへ

熟練した酒呑みにとっては常識だが、念のため確認しておこう。概して言えば、渋い呑み屋を探すときは裏通りを目指せばよい。車の交通量が少ない道は開発が少し遅れていることが多く、したがって比較的古く、小ぢんまりした店が残っている可能性が高い。とくに歴史を感じさせるような店を探すなら、表通りよりも裏通りの方が見つかりやすいのは間違いない。もちろん、例外はある。たとえば、北千住のように宿場《しゅくば》町から発展した場所だと、昔は旅籠《はたご》や茶店などが並んでいた街道に、いまだにいい赤提灯が見られる。門前仲町にも同じことが言えるが、最近は主要街道である永代《えいたい》通り沿いにチェーン店が急増していて、裏通りに個人経営の店が密集していることには変わりない。

4、外見を「パーツ別」に捉えよ

第五章の前半では、居酒屋を外から捉えるときの様々な要素に注目した――外観と入口、看板と提灯、そして様々なのれん。さらに店名や品書き、店内から漏れてくる音についても触れた。もちろん、これらの要素は個別に存在しているのではなく、全体としてひとつの店を成しているわけだが、とりえず居酒屋選びの観察眼（と耳）を磨くために、ひとつずつ、つまり「パーツ別」に意識して捉えるという練習をお勧めしたい。音楽を聴く耳を敏感にしたかったら、バンドやオーケストラなどの演奏を楽器ごとに聴き分ける練習が必要だ。それと同じ原理である。何回か繰り返すうちに、店の外観を「読む」スピードと正確さが上がるはずで、そのうちほとんど意識しないで自然に読めるようになるだろう。

要するに、居酒屋を見るときはシャーロック・ホームズになってもらいたいわけである。いや、ホームズだといかにも鋭すぎるから、店内に入っても周囲の人たちがなかなか落ち着かず、打ち解けてくれないかもしれない。だからこの場合はコロンボ刑事の方がよさそうだ（コロンボを知らない若い読者のために、簡単に説明しよう。テレビドラマシリーズ『刑事コロンボ』の主役である刑事だが、ちょっと忘れっぽいおバカさんのふりをして、相手を油断させるのが得意技である）。要するに、見る目は鋭くても、周りの人に意識させないのがコツである。

あるいは、常に周囲を観察してばかりだと、肝心の居酒屋自体が楽しめないではないかと懸念されるかもしれないが、集中的な観察は最初の二、三分だけで十分だと思う。それだけでも居酒屋を見る目が肥えてくるだろう。それから思いっきり呑めばよい。

さて、店内に入った時点で、すでに店を選んだことになるので、外観から捉える段階がもっとも重要になる――白いのれんと提灯？　ちょっと高級かもしれない。でも、夕べは麻雀で勝ったし、どうせあぶく銭だから、めったに入れないような店に入ろうではないか――。

だが、安い店ならともかく、少し高そうな店に入るなら多少の情報を得てから決めた方が無難だろう。たとえば、店名から高そうなイメージが湧くか。入口はコンクリート造りなのか、それとも風情（と高級感？）を醸し出す石畳なのか。戸の辺りにクレジットカード会社のシールがたくさん貼ってあるか。さらに、あの白いのれんの生地は？　ほら、「割烹」と書いてあるのはいいが、紋まで入っている。いやー、ここはおそれ多い店かもしれんぞ、と。

外側の「点検」が済んでも、まだ入ろうかどうしようか迷っているなら、店内を覗き込んでみよう。客は入っているか。ＢＧＮは聞こえるか（テレビの音や演歌なら、白いのれんでも、さほど高くないはずだ）。そう言えば、表に品書きはあるか。どんなつまみを出しているか。季節のものはあるか——。

慣れてくると、これだけ膨大な情報量でも一分未満で全部読み込めるようになる。もちろん、どんなに豊富な情報を得ても失敗することは必ずある。私も、いくら居酒屋ＧＰＳを搭載していると自慢していても、失敗は探訪に付き物だということは自覚している。だが、〈経験＋観察〉の修練を積み重ねていけば、居酒屋に対する〈勘〉が着実に発達し、失敗率が下がり、そして何よりもひとりでの（または呑み友とふたりでの）、居酒屋探訪がよりいっそう楽しめるようになると思う。いや、居酒屋探訪が楽しめるだけでなく、居酒屋という〈場〉そのものがより立体的に浮かび上がるようになり、日本の居酒屋文化に溢れる多様な美味を、五感をもって改めて味わえるようになるだろう。

ネット時代の居酒屋の行方

ネット時代の現在、真の「穴場」は、すべて消滅してしまったと言えるかもしれない。たとえば、自分ひとりで「発見した」と喜んでいた店が、後で調べたら「食べログ」ですでに取り上げられていて、がっかりしたことはないだろうか。私は、たまに「食べログ」に（まだ）載っていない居酒屋を見つけることもあるが、それでも誰かがネットのどこかに書いていることが多い。言い換えれば、「地元でしか知られていない」情報はなくなってしまったように思える。そのことをローカルな場の均質化や、地元文化の希薄化と捉えれば、グローバリゼーションによる犠牲という今日的な問題との類似点も見つけられよう。

とりわけ、地元の常連客で賑わっている老舗があまりにも人気になった場合、厄介な矛盾が生じる。すなわち、常連客の足が遠のき、従来の雰囲気ががらりと変わる。それに加えて、店の前で行列ができたり、または予約しないと入れないような状態になったりして、「ふらっと立ち寄る」ことがほぼ不可能になる。

この問題をどのように解決したらよいか、私には分からない。「一見客お断り」にすれば済むかもしれないが、それでは敷居の低いはずの赤提灯の魅力が損なわれるだろう。かと言って、店がテレビや雑誌の取材依頼をすべて拒否したとしても、一度しか入ったことのない客が勝手にネットで感想を書いてしまえば、情報がどんどん広がる恐れがある。

この大きな矛盾をいったいどうしたらよいのだろうか。さすがに居酒屋探訪をきっぱり諦める気は起きないが、時間をかけて築き上げられてきた、ローカルな店の貴重な雰囲気も害したくない。居酒屋愛好家ならば、この問題を真剣に考えなければならないと思う。いや、何も居酒屋に限る現象ではない。まさに、現在の日本の飲食文化全般が直面している問題だと言ってよいだろう。ただし、これはたいへん複雑な問題なので、いつか稿を改めてじっくり考察したい。

＊

日本の居酒屋というのは立派な文化である。確かに、能や歌舞伎や文楽《ぶんらく》、あるいは漫画やアニメやＪ‐ＰＯＰなどのように、作品および表現を鑑賞する文化とは違う。特定の街の、特定の店を占める人たちが、時間の経過と共に築き上げてきた文化である。一軒一軒の赤提灯には、その店特有の文化があるのと同時に、それぞれの店の集合体が「日本の居酒屋文化」を形成しているわけである。

そう考えると、地元の住民であろうと、はるばるほかの都道府県（または外国）から足を運んできた人であろうと、初めての赤提灯に入る以上、程度の差はあるものの、〈異文化〉の領域に身を浸すことになると言えよう。しかも、既成の映像や音源や出版物と違い、その場所に一人ひとりが身をおくだけで、店独自の文化に新たな影響をおよぼすことになるから、居酒屋というのはまさに生きている文化だと言える。

生きている文化は常に変化を遂げている。惜しくも閉店する老舗もあれば、将来すばらしい老舗に育つ新店もあろう。日本の居酒屋文化を慕うひとりとして、現在残っている老舗の名店も、無名に近い地元の赤提灯も、若い店主が開業したばかりの新店も、訪れ続けながら大切にしていきたい。この貴重な文化の行方は、我々一人ひとりに委ねられているのである。

「また、呑もうね」——おわりに

本書を書き上げた翌日から、早くも自問と反省に襲われはじめている。というのも、本書を通して、居酒屋における謙虚な「よき客」であることを高らかに提唱してきたのに、振り返れば、私自身の居酒屋での言動はけっして品行方正と呼べるものではないからだ。むしろ、嫌なウルサイオヤジっぷりをまんべんなく発揮し、ヒンシュクを買うことがしばしばある(「出入り禁止」の名誉にはまだあずかっていないが……)。居酒屋で、そのような私に遭遇したことのある人が本書を読んだら、「ずいぶんいい根性をしている奴だ!」と呆れるにちがいない。やはり、言うは易《やす》く行うは難し、である。

さて、本書を途中で投げ出さないで最後まで読んでくださった読者に対し、お礼を申し上げたい。少しでも居酒屋観光ではなく、居酒屋探訪に挑みたくなったり、行きつけの赤提灯を新鮮な目で見ることができるようになったとしたら、この本を著した甲斐があったと思う。

また、北海道から沖縄まで、私が突撃した数々の居酒屋の皆さんに対しても、お礼とお詫びを共に述べなければならない。目の当たりにされたように、私の呑み方は居酒屋の「通」から程遠いものではあるが、この度は大目に見ていただけるとありがたい。次回お邪魔したときには、いささかの進歩を見せたいと思っている。

本書を書くに当たって、幅広い「現地調査」を必要とした。自分で嗅ぎつけた店も相当の数におよぶが、次の方々に推薦店を含め、居酒屋をめぐる貴重な情報をたくさんいただいたので、感謝の意を表したい——井上健一郎（新潟）、岩本茂之（札幌・釧路）、江木裕計（東京・那覇）、及川仁（東京）、久米良一（今治）、倉嶋紀和子（横浜・名古屋）、江弘毅（大阪・神戸）、金野克人（釜石）、昆野好政（気仙沼）、シバタ メイコ（東京・名古屋）、庄内斉（大阪）、高橋久（札幌・岩見沢）、平賀正樹（金沢）、萩原誠一（大阪）、浜田信郎（横浜・広島）、柳本英紀（東京・大阪）、山下光（佐世保）、吉川公二（神戸）、輪島裕介（大阪）、そして渡邊利雄（今治）の各氏。また、立ち呑み屋「とらや」で耳にした大阪弁の会話を記録するに当たって、アマチュアの噺家《はなしか》である岸野岳志氏（楽語家・紫亭京太郎）にご教示をいただいた。

最後に、本書を企画の段階から刊行まで面倒を見てくださった光文社新書の三宅貴久氏に厚くお礼を申し上げたい。私は日本語のいわゆる「ネイティヴ・ライター」ではないため、通常の編集作業に加え、文章の細かい修正で余分な手間を取らせてしまった。ご助力に対し心から感謝しています。

追記

本書が刊行される約二カ月前に、第六章に登場した焼き鳥屋の店長「Kさん」が、惜しくも他界されました。あの焼き台周辺の愉快な雰囲気は、もはや記憶のなかのみのものとなってしまいました。「Kさん」のご冥福をお祈り致します。

本文に登場したお店一覧

【愛媛県】
「世渡」（今治焼き、今治）
「山鳥」（今治焼き、今治）
「小玉」（小料理、今治）
「洋」（割烹、今治）

【福岡県】
「信秀」（焼き鳥、博多）
「宗」（屋台、博多天神）

【長崎県】
「ささいずみ」（大衆酒場、佐世保）
「注連蔵」（日本酒バー、佐世保）
「注連蔵」（焼酎バー、佐世保）
「たこ政」（くわ焼、佐世保）

【沖縄県】
「東大」（おでん、那覇栄町市場周辺）
「うりずん」（居酒屋、那覇栄町市場周辺）
「ボトルネック」（音楽居酒屋、那覇栄町市場）
「生活の柄」（音楽居酒屋、那覇栄町市場）

【大阪府】
「とらや」（立ち呑み屋、福島）
「酒の奥田」（立ち呑み屋、天満）
「大安」（立ち呑み屋、天満）
「ヴィンテージ24」（立ち呑みワインバー、天満）
「肴や」（立ち呑み屋、天満）
「かんちゃん」（立ち呑み屋、天満）
「はながさ」（沖縄料理の立ち呑み屋、十三）
「難波屋」（立ち呑み屋、あいりん地区）
「富五郎」（大衆酒場、十三）
「憩い食堂」（大衆酒場、中津）
「酒房　半田屋」（大衆酒場、新世界）
「今中酒店」（角打ち、十三）
「中島酒店」（角打ち、十三）
「イバタ」（角打ち、十三）
「おおにし」（角打ち、中津）

【兵庫県】
「丸萬」（大衆酒場、神戸新開地）
「高田屋」（大衆酒場、神戸新開地）
「赤ひげ」（串カツ、神戸新開地）
「子ぶた」（お好み割烹、神戸元町）

【広島県】
「ぱどっく」（串揚げ、広島）
「大衆食堂　源蔵」（大衆食堂、広島駅周辺）
「うどん　奥山」（居酒屋、尾道）

「鍵屋」（居酒屋、根岸）
「伊勢藤」（居酒屋、神楽坂）
「江戸一」（居酒屋、大塚）
「中ざと」（居酒屋、三ノ輪）
「遠太」（居酒屋、三ノ輪）
「大林」（居酒屋、南千住）
「十徳」（居酒屋、渋谷）

【神奈川県】
「ホッピー仙人」（生ホッピーのスタンド・バー、横浜野毛）
「＊かとりや」（立ち呑み屋、溝ノ口／溝の口）
「＊いろは」（立ち呑み屋、溝ノ口／溝の口）
「武蔵屋」（居酒屋、横浜野毛）

【愛知県】
「鳥貞」（焼き鳥、名古屋本郷）
「角屋」（焼き鳥、名古屋大須）
「大甚」（大衆酒場、名古屋伏見）

【京都府】
「森帳酒店」（角打ち、京都駅周辺）
「よらむ」（日本酒バー、京都寺町）
「紫」（割烹、京都西陣周辺）
「ざんぐり」（居酒屋、京都四富会館）
「亀亀」（居酒屋、京都四富会館）
「じじばば」（和洋折衷居酒屋、京都リド飲食街）

「一徳」（モツ焼き、高円寺）
「＊宇ち多゛」（モツ焼き、立石）
「大はし」（モツ焼き、北千住）
「埼玉屋」（モツ焼き、東十条）
「うな鐵」（うなぎの串焼き、新宿歌舞伎町）
「川二郎」（うなぎの串焼き、中野）
「川勢」（うなぎの串焼き、荻窪）
「＊うなちゃん」（うなぎの串焼き、国立）
「＊まっちゃん」（モツ焼き、国立）
「三」（串カツ、新橋）
「羅生門」（焼き鳥、新橋）
「岩手屋」（郷土料理、湯島）
「＊二毛作」（おでん、立石仲見世）
「＊おでんや」（おでん、立石呑んべ横丁）
「＊丸健水産」（おでん、赤羽）
「平澤かまぼこ」（おでん、王子）
「酒遊館　藤や」（角打ち、王子）
「まきしま酒店」（角打ち、御徒町）
「庫裏」（日本酒バー、新橋）
「＊清田」（そば、吉祥寺）
「水口」（大衆食堂、浅草）
「ときわ食堂」（大衆食堂、町屋）
「あおば」（大衆食堂、立石）
「加賀屋」（大衆酒場、神楽坂ほか）
「戎」（焼き鳥、西荻窪）
「＊喜多屋」（立ち呑み屋、赤羽）
「ふうちゃん」（居酒屋、谷保）

「案山子」（居酒屋、新潟）
「よもぎや」（居酒屋、新潟）

【石川県】
「かむら」（割烹、金沢木倉町通り）
「いたる」（居酒屋、金沢柿木畠商店街）

【東京都】
「ミロンガ」（タンゴ専門喫茶店、神保町）
「＊いこい」（立ち呑み屋、赤羽）
「富士屋本店」（立ち呑み屋、渋谷）
「＊肉のまえかわ」（立ち呑み屋、大井町）
「＊しゃべり場」（立ち呑み屋、立会川）
「徳田和良」（立ち呑み屋、北千住）
「おかやん」（立ち呑み屋、中野）
「にぎにぎ一」（立ち食い寿司、中野）
「野島」（立ち呑み屋、秋津／新秋津）
「花みずき」（立ち呑み屋、拝島）
「サラリーマン」（大衆酒場、新秋津）
「＊まるます家」（大衆酒場、赤羽）
「魚三」（大衆酒場、門前仲町）
「＊河本」（大衆酒場、木場）
「ゑびす」（大衆酒場、四つ木）
「＊斎藤酒場」（大衆酒場、十条）
「山田屋」（大衆酒場、王子）
「だるま」（大衆酒場、門前仲町）
「鳥福」（焼き鳥、渋谷のんべい横丁）

本文に登場したお店一覧（都道府県別、北から順に掲載）

※古典酒場と言われるような老舗の名店についても、本一覧では「居酒屋」に分類しています。
※店名の前に「＊」があるのは、『呑めば、都』でも触れたお店です。

【北海道】
「バール・コーシカ」（ロシア風居酒屋、札幌狸小路）
「三船」（焼き鳥、岩見沢）
「津軽」（炉ばた焼き、釧路）
「みかさ」（屋台が発祥の呑み屋、釧路赤ちょうちん横丁）
「たかさごや」（居酒屋、札幌ススキノ）
「金富士」（本店）（焼き鳥、札幌ススキノ）
「てっちゃん」（居酒屋、札幌ススキノ）
「鳥孝」（焼き鳥、札幌円山公園）

【岩手県】
「うさぎ」（小料理、釜石仮設飲食店街）
「とんぼ」（小料理、釜石仮設飲食店街）
「よし寿司」（寿司、宮古）

【宮城県】
「ぴんぽん」（大衆酒場、気仙沼）
「あさひ鮨」（寿司、気仙沼）
「源氏」（居酒屋、仙台）

【新潟県】
「Jyozo」（日本酒バー、新潟）

マイク・モラスキー（Michael Molasky）

1956年米国セントルイス市生まれ。'76年に初来日し、延べ20年日本滞在。シカゴ大学大学院東アジア言語文明学研究科博士課程修了（日本文学で博士号）。ミネソタ大学、一橋大学教授を歴任。2013年秋学期より早稲田大学国際学術院教授。担当する講義では、日本の戦後文化や、ジャズやブルースを中心とする音楽文化論、東京論、そして喫茶店や居酒屋のような都市空間を通じて、現代日本社会を捉えなおす。エッセイスト、ジャズ・ピアニストという顔も持つ。日本語の著書に『戦後日本のジャズ文化』（青土社、サントリー学芸賞受賞）、『ジャズ喫茶論』『呑めば、都』（ともに筑摩書房）、『ひとり歩き』（幻戯書房）などがある。

日本《にほん》の居酒屋文化《いざかやぶんか》　赤提灯《あかちょうちん》の魅力《みりょく》を探《さぐ》る

2014年3月20日初版1刷発行
2021年12月15日　3刷発行

著　者 ── マイク・モラスキー
発行者 ── 田邉浩司
装　幀 ── アラン・チャン
印刷所 ── 堀内印刷
製本所 ── ナショナル製本
発行所 ── 株式会社光文社
東京都文京区音羽1-16-6（〒112-8011）
https://www.kobunsha.com/
電　話 ── 編集部03（5395）8289　書籍販売部03（5395）8116
業務部03（5395）8125
メール ── sinsyo@kobunsha.com

 ISBN 978-4-334-03790-1

674
色彩がわかれば絵画がわかる
布施英利

すべての色は三原色をもとにして作られる。これが、四色でも二色でもダメなのはなぜか。そもそも「色」とは何なのか。シンプルな色彩学の理論から、美術鑑賞の知性を養う一冊。

978-4-334-03777-2

675
税務署の正体
大村大次郎

半沢直樹〝黒崎査察官〟の正体とは、税務署員は「会社を潰して一人前」、調査官には課税ノルマがある、脱税請負人のほとんどは国税OB……元調査官が謎の組織の実態を暴く！

978-4-334-03778-9

676
君の働き方に未来はあるか？
労働法の限界と、これからの雇用社会
大内伸哉

「雇われて働く」とはどういうことか、労働法は今後も頼りになるか、プロとして働くとはどういうことか――。「これからの働き方・生き方」に迷っている人の指針を示す。

978-4-334-03779-6

677
TVニュースのタブー
特ダネ記者が見た報道現場の内幕
田中周紀

共同通信社からテレビ朝日に転職。社会部・経済部の記者、「ニュースステーション」「報道ステーション」のディレクターを務めた著者が、体験を基にテレビ報道の内情を明かす。

978-4-334-03780-2

678
背すじは伸ばすな！
姿勢・健康・美容の常識を覆す
山下久明

腰痛、肩こり、イビキにメタボ……。これらはみな「背すじ伸ばし」が原因だった!? 人類史と人体構造の考察を通して、美容と健康を維持する〝姿勢のカギ〟を導き出す。

978-4-334-03781-9

679
出世したけりゃ
会計・財務は一緒に学べ！
西山茂

会社の数字とは接点がなかった現場社員が、経営幹部になるために最低限必要な会計と財務のポイントを解説。2分野のキモを一緒に押さえれば、誰でもトップ経営者になれる！

978-4-334-03782-6

680
なぜ僕は「炎上」を恐れないのか
年500万円稼ぐプロブロガーの仕事術
イケダハヤト

他人との衝突を恐れて、言いたいことを言えない人生はもったいない。年500万円を売り上げるプロブロガーが「炎上」をキーワードに、ストレスフリーな新しい生き方を指南。

978-4-334-03783-3

681
高学歴女子の貧困
女子は学歴で「幸せ」になれるか？
大理奈穂子
栗田隆子
大野左紀子
水月昭道監修

女子を貧困に追いやる社会構造のなかで、教育、キャリア、結婚、子育てをどう考えればいいのか？　当事者が自らの境遇と客観的なデータをもとにその実態を明らかにする。

978-4-334-03784-0

682
迫りくる「息子介護」の時代
28人の現場から
平山亮
解説　上野千鶴子

嫁でも娘でも妻でもなく「息子が親の介護」という異常事態!?を機に表出する、男社会の息苦しさ、男社会のあるあるとは。男性介護者の思いを丁寧に描き出す、もう一つの「男性学」。

978-4-334-03785-7

683
なぜ、あなたの薬は効かないのか？
薬剤師しか知らない薬の真実
深井良祐

日々の生活と切っても切れない関係にある薬。しかし、私たちは薬の基本的な性質を知っているでしょうか？「自分の健康は自分で守る時代」に必要な考え方を、この一冊で学ぶ。

978-4-334-03786-4

684
弁護士が教える 分かりやすい「所得税法」の授業
木山泰嗣

給与所得や源泉徴収など身近でありながら、実にややこしいのが所得税法。本書は、初学者から実務者までを対象に、所得税法の基本ポイントをわかりやすく解説する。

978-4-334-03787-1

685
ヤクザ式 相手を制す最強の「怒り方」
向谷匡史

怒りは、ぶちまけても抑えすぎても害をもたらす〝負の感情〟。それを無敵の武器に変え、交渉を制する技術をヤクザから盗め！ 取材経験の豊富な著者が「怒りの極意」を伝授。

978-4-334-03788-8

686
生殖医療はヒトを幸せにするのか 生命倫理から考える
小林亜津子

生みどきが来るまで「卵子凍結」、遺伝子解析技術で「生み分け」、提供精子でみずから「シングルマザー」に……。さまざまな生殖医療技術が人間観、家族観に与える影響とは何か。

978-4-334-03789-5

687
日本の居酒屋文化 赤提灯の魅力を探る
マイク・モラスキー

人は何を求め、居酒屋に足を運ぶのか？ 40年近い居酒屋経験を誇る著者が、北海道から沖縄まで、角打ちから割烹まで具体的なお店（120軒）を紹介しながら、その秘密に迫る。

978-4-334-03790-1

688
がんに不安を感じたら読む本
本荘そのこ
中村清吾 監修

がん治療は、患者ひとりひとりにあったオーダーメード医療といわれる時代に突入している。2人に1人は生涯にがんに罹患するいま、大切な心がまえとは何か。そのヒントを示す。

978-4-334-03791-8